U0570378

王曉欣　鄭旭東　魏亦樂　編著

元代湖州路户籍文書

第四册

——元公文紙印本《增修互注禮部韻略》紙背公文資料

中華書局

册四　去聲第四

葉一上〔一〕

[ST—Z：4/c4・1a・525]

一户戴伯肆，元係湖州路德清縣金鵞鄉拾肆都大麻村伍保人氏，亡宋乙亥年前作民户附籍，採捕爲生，至
　内在本村歸附，至元十九年蒙本縣鷹房提領所招收入籍
　十一月内蒙本路治中到縣省會放罷爲民，至元二十二年
　省委官馬宣使招收作採捕户計，見於本保住坐應當鷹
計家：親屬壹拾貳口
　男子柒口
　　成丁叁口
　　　男肆壹年肆拾伍歲　　男阿叁年肆拾貳歲
　　　男阿捌年壹拾陸歲
　　不成丁肆口
　　　戴伯肆年柒拾伍歲　　孫阿孫年壹拾歲
　　　孫阿伴年捌歲　　孫阿添年叁歲
　婦女伍口
　　　妻□□娘年拾□歲　　兒

〔一〕該葉「戴伯捌」户與同册葉二「戴伯捌」户爲同一户，且二者内容恰好銜接，故本册葉一、葉二可視爲連續葉。

兒婦陳拾叁娘年叁拾陸歲　　孫女阿肆年肆歲
孫女添女年壹歲
事産：
水田貳畝貳分伍厘
瓦屋貳間
船壹隻
營生：採捕

［ST—Z：4/c4・1b・526］〔一〕

一户戴伯捌，元係湖州路德清縣金鵞鄉拾肆都大麻村伍保人氏，亡宋乙亥年前作民户附籍，採捕爲生，至□
內在本村歸附，至元十九年十一月內蒙本縣鷹房提領□
元二十一年十一月內蒙本路治中到縣省會放罷爲民，至元□
內再蒙
省委官馬宣使招收作採捕户計，見在本保住坐應當□
計家：親屬玖口

〔一〕該户與同册葉二第一户皆爲「戴伯捌」户，二者在居住地（葉二「戴伯捌」户由同葉其他人户信息可推知亦係「湖州路德清縣金鵝鄉拾肆都大麻村」人氏）、人口數、營生方面均一致，故兩户當爲同一户。又兩户内容正好銜接，合在一起便爲完整的「戴伯捌」户。

葉二上〔一〕

男子陸口

成丁貳口

男阿伍年貳拾柒歲　男阿柒年貳拾肆歲

不成丁肆口

戴伯捌年陸拾貳歲　孫李壽年玖歲

孫阿春年叁歲　孫伴春年壹歲

婦女叁口

兒婦屠柒娘年貳拾柒歲　兒婦屠捌娘年壹拾玖□

孫阿妹年壹歲

事産：

水田壹畝貳分伍厘

瓦屋貳間

〔一〕據上下文意，該葉上接前葉一「戴伯捌」户。

19 船壹隻
20 營生：採捕

〔ST—Z：4/c4・2b・527〕

1 一户錢陸壹，元係湖州路德清縣金鵞鄉拾肆都大麻村肆保人氏，亡宋乙亥年前作民户附籍於至元□
2 在本村歸附，見於本保住坐，至元十七年内蒙
3 本縣官醫提領收係入籍，即目應當醫户差役〔一〕
4 計家：親屬貳口
5 男子不成丁壹口錢陸壹年陸拾伍歲
6 婦女壹口妻沈叁拾娘年陸拾肆歲
7 事産：
8 陸地伍分柒厘
9 瓦屋壹間
10 營生：醫藥

〔一〕該行上方有墨筆綫條引向第二行下。

葉三上

［ST—Z : 4/c4 · 3a · 528］

1 一户王阡伍，元係湖州路德清縣南界人氏，亡宋乙亥年前作民户附籍，至元十三年正月内於本界隨衆□

2 十三年搬移前來北界典房〔一〕住坐應當民户差役

3 計家：親属肆口

4 男子成丁壹口

5 王阡伍年叁拾歲

6 婦女叁口

7 妻因阡貳娘年貳拾壹歲　女王阿圓年叁歲

8 女王伴姐年壹歲

9 事産：船壹隻〔二〕，典房住坐

10 營生：手趁

［ST—Z : 4/c4 · 3a · 529］

1 一户因伯叁，元係湖州路德清縣北界人氏，亡宋乙亥年前作民户附籍，至元十三年正月内於本界隨衆歸□

2 本界典房〔三〕住坐應當民户差役

3 計家：親属伍口

4 男子叁口

〔一〕典房「典房」二字係後來添加。

〔二〕該行「事産」和「船壹隻」之間有墨書曲綫，疑欲將「船壹隻」劃分成單獨一行。

〔三〕典房「典房」二字係後來添加。

5 成丁壹口　男因阡壹年叁拾貳歲
6 不成丁貳口
7 因伯叁年陸拾伍歲　次男因阿関年壹拾叁歲
8 婦女貳口
9 妻施壹娘年伍拾玖歲　女因阿多年捌歲
10 事産：船壹隻[一]，典房住坐
11 營生：雜趁

[ST—Z : 4/c4 · 3b · 530]

1 一户沈萬肆，元係湖州路德清縣南界人氏，亡宋乙亥年前故祖父沈伯捌作民户附籍，至元十三年正月□
2 歸附，至元十五年九月内祖父身故，是萬肆立户，至元□
3 月内搬移前來北界賃房[二]住坐應當民户差役
4 計家：親属貳口
5 男子成丁壹口　沈萬肆年叁拾伍歲
6 婦女壹口　妻丁伍娘年貳拾捌歲
7 事産：無，賃房住坐
8 營生：雜趁

[一] 該行「事産」和「船壹隻」之間有墨書曲綫，疑欲將「船壹隻」劃分成單獨一行。
[二] 賃房　「賃房」二字係後來添加。

葉四上

［ST—Z：4/c4・4a・531］

［前闕］

1 潘萬壹年貳拾柒歲　妹夫吴萬壹年肆拾貳□

2 不成丁壹口男戴保年壹拾壹歲

3 婦女肆口

4 母馬□娘年肆拾柒歲　妻阿沈年貳拾肆歲

5 妹萬貳娘年貳拾肆歲　女関奴年伍歲

6 典雇身人壹口朱千三娘年貳拾壹歲，係德清縣十二都後高村高阡叁妻［下殘］

7 事産：小船壹隻，典房住坐

8 營生：雜趁

［ST—Z：4/c4・4a・532］

1 一户蔡肆肆名新，元係湖州路德清縣北界桂枝坊人氏亡宋乙亥年前作民户附籍於至元□

（内）

2 ~~貳拾柒田~~在本縣隨衆歸附，~~於至元十十五年□□~~□　（即目本界□□）

3 ~~本縣差充德康坊耆老~~應當民户差役

4 計家：陸口

5 親属伍口

6 男子叁口

成丁壹口　男蔡伍壹年叁拾伍歲
不成丁貳口
蔡肆肆年陸拾伍歲　孫男蔡保孫年壹拾壹歲
婦女貳口
妻沈佰貳娘年陸拾陸歲　女蔡肆娘年貳拾伍歲
典雇婦女壹口陸阡陸娘年叁拾捌歲，係德清縣北界陸伯壹女
事産：
陸地玖分叁厘　瓦屋壹拾間
營生：賣薑

[ST—Z：4/c4・4b・533]

一户潘陸伍，元係湖州路德清縣遵教鄉十一都附籍民户，亡宋乙亥年前於本鄉作民户附籍
就本鄉隨衆歸附，於至元十七年九月内搬移老小
附籍住坐應當民户差役
計家：親属柒口
男子肆口

[後闕]

葉五上

［ST—Z：4/c4・5a・534］

一户沈肆柒，元係湖州路德清縣金雞鄉拾捌都下舍村拾壹保人氏，亡宋乙亥年前作民户附籍，至元十[三]□
內於本村隨衆歸附，見於本保住坐應當民役
計家：親屬伍口
男子叁口
成丁貳口
沈肆柒年伍拾捌歲　　男沈伯貳年貳拾歲
不成丁壹口男沈大孫年伍歲
婦女貳口
妻陸叁娘年伍拾伍歲　　女沈觀女年貳歲
事産：
陸地伍分
瓦屋壹厦
船壹隻
營生：佃田

［ST—Z：4/c4・5a・535］

一户許陸叁，元係湖州路德清縣金雞鄉拾捌都下舍村拾壹保人氏，亡宋乙亥年前作民□

月内於本村隨衆歸附，見於本保住坐應當民役
計家：親属陸口
男子叁口
成丁貳口
許陸叁年肆拾捌歲　男阡叁年叁拾壹歲
不成丁壹口孫阿伴年捌歲
婦女叁口
兒婦沈伯貳娘年叁拾貳歲　孫女叁壹娘年壹拾歲
孫女叁肆娘年肆歲
事産：
田地壹畝伍分
水田壹畝　陸地伍分
瓦屋壹間
船壹隻
［後闕］

葉六上

［ST—Z：4/c4・6a・536］

［前闕］

婦女肆口
妻王叁□娘年伍拾柒歲　女拾壹娘年叁拾柒歲
女拾肆娘年壹拾叁歲　孫女阿娜年柒歲
事産：
水田柒畝伍分　船壹隻
瓦屋壹間壹厦
營生：養種，帶佃餘杭縣龍門寺田貳畝，縣市常清觀田貳畝伍分

［ST—Z：4/c4・6a・537］

一户沈伯壹，元係湖州路德清縣金鵝鄉拾捌都下舍村拾壹保人氏，亡宋乙亥年前作民户附籍
於本村隨衆歸附，見於本保住坐應當民役
計家：親屬陸口
男子叁口
成丁貳口
沈伯壹年叁拾捌歲　父陸伍年伍拾柒歲
不成丁壹口男李岕年壹拾歲

婦女叁口
妻張捌陸娘年貳拾陸歲　女阿女年肆歲
女小妹年壹歲
事産：
水田叁畝
瓦屋壹間壹厦
營生：養種，佃田

［ST—Z：4/c4・6b・538］

一户沈捌伍，元係湖州路德清縣金稚鄉拾捌都下舍村拾壹保人氏，亡宋乙亥年前作民户附籍□
於本村隨衆歸附，見於本保住坐應當民役
計家：親屬叁口
男子成丁貳口
沈捌伍年陸拾歲　男阡柒年壹拾陸歲
婦女壹口母胡貳娘年柒拾伍歲
事産：
瓦屋壹間壹厦
營生：佃田，種十六都真如庵田肆畝

［ST—Z：4/c4・7a・539］〔一〕

［前闕］

隨同本縣四都頭目陳千户下請給中統宝鈔壹□

差本路長興縣范千户翼内，於至元二十年五月□

統宝鈔貳定，即目本界典房住坐听候差□

計家：親属柒口

　男子伍口

　　成丁叁口

　　　戚阡叁名青年叁拾叁歲　　兄阡壹年肆□

　　　姪阿慶年壹拾捌歲

　　不成丁貳口

　　　姪男阿宝年柒歲　　姪男小宝年陸歲

　婦女貳口

　　　嫂沈氏年肆拾伍歲　　姪女阿□年叁歲

〔一〕據該户第七行可知該户爲「戚阡叁」户，與同册葉八「戚阡叁」户、葉十「戚阡叁」户均爲同一户，且從内容聯繫看，此處應爲後兩者共同缺失之後半部分。

13 營生

[ST—Z：4/c4·7b·540]

1 一户戴阡叁，元係湖州路德清縣北界人氏，亡宋乙亥年前係郁總管下鹽軍户□

2 年正月内在本縣隨衆歸附，於至元十八年□

3 司中統宝鈔壹定撥充梢碇水手□

4 請給中統鈔貳定，見於本界住坐听□

5 計家：親屬壹口

6 男子成丁壹口戴阡叁年肆拾肆歲

7 事産：

8 陸地壹畝伍分捌厘

9 瓦屋壹間

10 船壹隻

11 營生

葉八上〔一〕

[ST—Z：4/c4・8a・541]〔二〕

一户朱沈定壹，元係浙東道紹興路山陰縣人氏，亡宋乙亥年前移居湖州路德清縣住□

至元十三年正月内在本縣隨衆歸附見□

有次男阡貳見充征東梢碇水手於紹興□

府當役

計家：壹拾貳口

親屬壹拾口

男子伍口

成丁叁口

男阡壹年叁拾壹歲　男阡貳年貳拾捌歲

男阡叁年貳拾肆歲

不成丁貳口

朱沈定壹年陸拾肆歲　孫男□丑年柒歲

〔一〕該葉與同册葉十爲重複葉。

〔二〕該户與同册葉十「朱沈定壹」户爲同一户。

婦女伍口
妻徐壹娘年伍拾柒歲　兒婦謝伍娘年叁拾□
兒婦沈貳娘年貳拾柒歲　兒婦俞柒娘年貳拾□
女阿奴年叁歲
典顧身人男子不成丁貳口
傅元叁年陸拾叁歲　朱曾玖年陸拾壹歲
事産：
陸地壹畝伍分
瓦屋伍間
營生：賣醋

一户戚阡叁名青〔一〕，元係湖州路德清縣北界人氏，亡宋乙亥年前作民户附籍，至元十三□
衆歸附以後投拜李總管，後於至元十八年□
拘收作梢碇水手，於當年三月内夾谷同知到本縣□

[後闕]

〔一〕該户與同册葉七「戚阡叁」户、葉十「戚阡叁」户均爲同一户。

葉九上〔一〕

[ST—Z : 4/c4・9a・542]〔二〕

〔前闕〕

事到學分揀中分〔三〕入籍儒户，見於本界住坐

計家：肆口

親屬貳口

男子成丁壹口吳清夫年叁拾叁歲

婦女壹口妹端貳娘年壹拾玖歲

典雇身人貳口

男子成丁壹口施〔四〕阡柒年貳拾壹歲

婦女壹口施阡壹娘年叁拾柒歲

事産：

田地壹拾伍畝玖分捌厘叁毫

水田壹拾伍畝　陸地玖分捌厘叁毫

瓦屋捌間

營生：教□

〔一〕該葉與同册葉十二内容基本相同，爲重複葉。

〔二〕據該户第四行可知爲「吳清夫」户，與同册葉十二「吳清夫」户爲同一户。

〔三〕分　據同册葉十二「吳清夫」户作「分揀中入籍儒户」，此處多一「分」字，疑係衍字。

〔四〕施　同册葉十二重複户作「沈」。

[ST—Z : 4/c4 • 9b • 543]

一户李捌秀名錫老〔一〕，元係湖州路德清縣北界人氏，亡宋乙亥年前作儒户附籍，至元十三年正月内在本縣□
附於至元十六年蒙提刑按察司分司巡按官夾谷僉事□□
分揀入籍儒户，見於本界住坐
計家：親屬伍口
男子成丁壹口李捌秀名錫老年叁拾柒歲
婦女肆口
母親吴伯叁娘年陸拾伍歲　妹拾貳娘年壹拾叁歲
妻妹徐再貳娘年壹拾叁歲　女阿菊年捌〔二〕歲
事産：
地山壹拾伍畝貳分玖厘
陸地叁畝柒分伍厘　山壹拾壹畝伍分
瓦□壹□
營生：教學

〔一〕該户與同册葉十二「李捌秀」户爲同一户。
〔二〕捌　同册葉十二重複户作「叁」。

葉十上〔一〕

一户朱沈定壹〔二〕，元係浙東道紹興路山陰縣人氏，亡宋乙亥年前移居湖州路德清縣住坐□
至元十三年正月内在本縣隨衆歸附，見於□
有次男阡貳見充征東梢碇水手□
户府當役
計家：壹拾貳口
親属壹拾口
男子伍口
成丁叁口
男阡壹年叁拾壹歲　男阡貳年□
男阡叁年貳拾肆歲
不成丁貳口
朱沈定壹年陸拾肆歲　孫男阿丑年柒歲

〔一〕該葉與同册葉八爲重複葉。
〔二〕該户與同册葉八「朱沈定壹」户爲同一户。

　　婦女伍口
　　　妻徐壹娘年伍拾柒歲　　　　兒婦謝伍娘年叄拾□
　　　兒婦沈貳娘年貳拾柒歲　　　兒婦俞柒娘□
　　　女阿奴年叄歲
　典顧身人男子不成丁貳口
　　　傅元叄年陸拾叄歲　　　　　朱曾玖年陸拾□
事産：
　陸地壹畝伍分
　瓦屋伍間
營生：賣醋

一户戚阡叄名青〔一〕，元係湖州路德清縣北界人氏，亡宋乙亥年前作民户附籍，至元十三年□
　　　隨衆歸附以後投拜李總管，後於至元十八年□
　　　拘收作梢碇水手，於當年三月内夾谷同知到□
［後闕］

〔一〕該户與同册葉七「戚阡叄」户、葉八「戚阡叄」户均爲同一户。

葉十一上

[ST—Z : 4/c4・11a・544]

一户沈閏孫，元係湖州路德清縣北界人氏，亡宋乙亥年前父沈察判作官户附籍，至元十三年正月内在本縣隨衆□
十九年上阿父出家爲道士，住持□真院，將閏孫分房立户附□［下殘］
計家：肆口
親属叁口
男子不成丁壹口沈閏孫年壹拾叁歲
婦女貳口
妹壽娘年伍歲　生母沈貳娘年叁拾柒歲
典雇身人婦女壹口梁婆女年壹拾叁歲
事産：
田地山伍頃玖拾肆畝陸分陸厘
水田肆頃陸拾畝叁分捌厘　陸地壹拾陸畝貳分壹厘
山壹頃壹拾捌畝柒厘
瓦屋壹拾玖間

營生：守産

〔ST—Z：4/c4・11b・545〕

一户徐湜，元係湖州路德清縣北界人氏，亡宋乙亥年前作儒户附籍，至元十三年正月内在本縣隨衆歸附，至元十七□
蒙□提□按察司夾谷僉事到縣分揀□儒户〔下殘〕
計家：伍口
親屬肆口
男子肆口
成丁壹口姪徐阿老年壹拾柒歲
不成丁叁口
徐湜年柒拾歲　男祐孫年壹拾貳歲
男小苟年貳歲
驅口：婦女壹口許阡壹娘年叁拾貳歲
事産：
田地山肆拾叁畝肆分伍厘
水田貳拾畝　陸地貳畝肆分貳厘
山貳拾壹畝
〔後闕〕

葉十二上〔一〕

〔前闕〕　分揀中入籍儒户，見於本界住坐〔二〕
計家：肆口
親屬貳口
男子成丁壹口吴清夫年叁拾叁歲
婦女壹口妹端貳娘年壹拾玖歲
典雇身人貳口
男子成丁壹口沈阡柒年貳拾壹歲
婦女壹口施阡壹娘年叁拾柒歲
事産：
田地壹拾伍畝玖分捌厘叁毫
水田壹拾伍畝　陸地玖分捌厘叁毫
瓦屋捌間
營生：教書

〔一〕該葉與同册葉九爲重複葉。
〔二〕據該户第四行可知爲「吴清夫」户，與同册葉九「吴清夫」户爲同一户。

一户李捌秀名錫老〔一〕，元係湖州路德清縣北界人氏，亡宋乙亥年前作儒户附籍，至元十三年正月内在本縣□衆歸□▭

十六年正月内蒙提刑按察司分司巡按官夾谷僉事▭

儒户

計家：親属伍口

男子成丁壹口李捌秀名錫老年叁拾柒歲

婦女貳口

母親吴伯叁娘年陸拾伍歲　妹拾貳娘年壹拾叁歲

妻妹徐再貳娘年壹拾叁歲　女阿菊年叁歲

事産：

地山壹拾伍畝貳分玖厘

陸地叁畝柒分伍厘　山壹拾壹畝伍分

瓦屋柒間壹厦

營生：教學

〔一〕該户與同册葉九「李捌秀」户爲同一户。

紙背錄文篇　冊　四
去聲第四　葉十二

葉十三上

[ST—Z : 4/c4 • 13a • 546]

[前闕]

計家：親屬貳口
男子成丁貳口
計阡壹年伍拾叁歲　弟阡貳年肆拾伍歲
事産：無，賃房住坐
營生：手趁

[ST—Z : 4/c4 • 13a • 547]

一户寗細柒，元係烏程縣崇化鄉肆拾玖都上伍保人氏，亡宋乙亥年前民户附籍，至元十三年正月□
附，因爲至元二十四年水灾口食不給，後於至元二十六年□
前來德清縣金雞鄉拾伍都柒保住坐應當民役
計家：親屬伍口
男子叁口
成丁壹口寗細柒年肆拾肆歲
不成丁貳口
男阿狗年壹拾貳歲　男阿弟年叁歲
婦女貳口

妻陳阡陸娘年肆拾壹歲　女貳娘年捌歲
事産：無，賃房住坐
營生：椿碓

[ST—Z : 4/c4 · 13b · 548]

一户沈阡貳，元係湖州路德清縣金鵝鄉拾伍都柒保桑育村人氏，亡宋乙亥年前民户附籍，至元□
保隨衆歸附，見於本保住坐應當民役
計家：親屬肆口
男子叁口
成丁壹口沈阡貳年伍拾壹歲
不成丁貳口
父柒叁年捌拾歲　男阿雙年柒歲
婦女壹口妻曹阡貳娘年肆拾叁歲
事産：瓦屋貳間　陸地貳分
營生：手趁

[ST—Z : 4/c4 · 13b · 549]

一户徐肆伍，元係湖州路德清縣金鵝鄉拾伍都柒保桑育村人氏，亡宋乙□民户附籍，至元十三年正月□
保隨衆歸附，見於本保住坐應當民役
[後闕]

葉十四上

［**ST—Z : 4/c4 · 14a · 550**］

［前闕］

1 □□長年壹拾貳歲　　男阿叁年捌歲
2 男阿肆年壹歲
3 婦女伍口
4 母親章拾壹娘年柒拾歲　　妻高叁娘年肆拾貳歲
5 女阿計年貳拾歲　　女阿多年壹拾伍歲
6 女阿陸年陸歲
7 事産：
8 陸地壹畝伍分
9 瓦屋壹間半
10 船壹隻
11 營生：養種

［**ST—Z : 4/c4 · 14a · 551**］

1 一户沈肆伍，元係湖州路德清縣金鵝鄉拾伍都貳保溪頭村人氏，亡宋乙亥年前作民户附籍，至元□
2 村歸附，見於本保住坐應當民役
3 計家：親屬捌口

葉十四下

4 男子肆口
5 成丁貳口
6 沈肆伍年叁拾肆歲　弟肆玖年貳拾陸歲
7 不成丁貳口
8 叔沈拾貳年陸拾貳歲　男李保年貳歲
9 婦女肆口
10 妻吴拾娘年貳拾捌歲　弟婦忻柒娘年貳拾肆歲
11 女阿伍娘年玖歲　女阿陸娘年伍歲
12 事産：
13 田地陸畝叁分
14 水田肆畝伍分　陸地壹畝捌分
15 房屋叁間半
16 瓦屋貳間半　草屋壹間
17 船壹隻
18 營生：養種，帶種本縣□□寺田□畝

葉十五上

［ST—Z：4/c4・15a・552］

［前闕］

1 營生：養種，佃田

［ST—Z：4/c4・15a・553］

1 一户姚肆貳，元係湖州路德清縣金鵝鄉拾肆都北塔村拾保人氏，亡宋乙亥年作民户附籍，至元□□□正月內歸

2 見在本保住坐應當民役

3 計家：親屬男子不成丁壹口姚肆貳年陸拾捌歲

4 事産：

5 水田貳畝伍分　瓦屋壹間壹□

6 營生：養種

［ST—Z：4/c4・15a・554］

1 一户周細伍，元係湖州路德清縣金鵝鄉拾肆都北塔村拾保人氏，亡宋乙亥年作民户附籍，至元十三年正月

2 本保住坐應當民役

3 計家：親屬男子不成丁壹口周細五年柒拾伍歲

4 事産：

5 田地貳畝柒分伍厘

6 水田貳畝伍分　陸地貳分伍厘

7 瓦屋壹厦

8 營□：養種

［ST—Z：4/c4・15b・555］

1 一户陳叁玖，元係湖州路德清縣金鵝鄉拾▭塔村拾保人氏，亡宋乙亥年作民户附籍，至元十三年正月▭

2 ▭應□□役

3 計家：親属男子不成丁壹口陳叁玖年陸拾壹歲

4 事産：

5 陸地柒分伍厘　　瓦屋壹間

6 營生：佃田

［ST—Z：4/c4・15b・556］

1 一户沈拾壹，元係湖州路德清縣金鵝鄉拾肆都北塔村拾保人氏，亡宋乙亥年作民户附籍，至元十三年正月▭

2 本保住坐應當民役

3 計家：親属男子不成丁壹口沈拾壹年陸拾伍歲

4 事産：

5 陸地捌厘伍毫　　瓦屋壹間壹厦

6 營生：養種，佃田

［ST—Z：4/c4・15b・557］

1 ▭係湖州路德清縣金鵝鄉拾肆都北塔村拾保人氏，亡宋乙亥年民户附籍，至元十三年正月内歸▭

2 住坐應當民役

［後闕］

葉十六上

［ST—Z : 4/c4 • 16a • 558］

1 一户徐玖伍，元係湖州路德清縣金鵝鄉拾肆都下管徐莊村人氏，亡宋乙亥年前作民户附籍，至元十三年正月内□附▭

2 應當民役

3 計家：親屬貳口

4 男子貳口

5 成丁壹口徐玖伍年叁拾玖歲

6 不成丁壹口父捌陸年柒拾歲

7 事産：

8 田地蕩伍畝

9 水田壹畝　陸地壹畝

10 水蕩叁畝

11 瓦屋壹間壹厦

12 營生：養種，帶種杭州萬壽寺田壹拾畝，蕩壹畝陸分陸厘

［ST—Z : 4/c4 • 16a • 559］

1 一户徐念貳，元係湖州路德清縣金鵝鄉拾肆都下管徐莊村柒保人氏，亡宋乙亥年前作民户附籍，至元十三年正月内▭

2 保住坐應當民役

3 計家：親屬貳口
4 男子不成丁貳口
5 徐念貳年柒拾歲　孫男阿小年壹拾肆歲
6 事産：
7 瓦屋壹間壹厦
8 營生：佃田，帶種杭州方家浴福泉寺田壹拾畝，杭州長安市萬壽院田壹拾肆畝柒分伍厘，杭州馬城廟桂□
9 杭州路青蓮寺田貳畝伍分

[ST—Z：4/c4・16b・560]

1 一户沈阡叁，元係湖州路德清縣金鵝鄉拾肆都下管徐莊村柒保人氏，亡宋乙亥年前作民户附籍，至元十三年正月内歸附□
2 當民户差役
3 計家：親屬貳口
4 男子貳口
5 成丁壹口沈阡叁年陸拾壹歲
6 不成丁壹口男阿弟年捌歲
7 事産：
8 瓦屋貳間半

[後闕]

葉十七上

［ST—Z : 4/c4・17a・561］

［前闕］

1 營生：手趁

［ST—Z : 4/c4・17a・562］

1 一户蔡叁貳，元係湖州路德清縣北界人氏，亡宋乙亥年前作民户附籍，至元十三年正月内在□

2 衆歸附，見於本界住坐應當民役

3 計家：親属叁口

4 男子不成丁貳口

5 蔡叁貳年捌拾歲　孫男土保年壹拾叁歲

6 婦女壹口妻賴氏年柒拾捌歲

7 事産：

8 瓦屋貳間　陸地貳分伍厘

9 營生：貨賣□□紙

［ST—Z : 4/c4・17a・563］

1 一户沈陸娘，元係湖州路德清縣七都白彪村住坐附籍民户，有夫沈拾捌爲户作民□

2 十三年正月内在本村隨衆歸附，後至元十五年□

3 縣北界住坐應當民役

4 計家：親属叁口

5 婦女叁口

沈陸娘年肆拾叁歲　女阿歸年壹拾叁歲
次女阿住年壹拾歲
事産：
瓦屋壹間壹步　陸地伍厘
營生：縫補

[ST—Z : 4/c4 • 17b • 564]

一户宣阡叁娌，元係湖州路德清縣北界人氏，亡宋乙亥年前作民户附籍，至元十三年正月□
隨衆歸附，見於本界住坐應當民役
計家：親屬叁口
男子不成丁貳口
男阿聖年捌歲　次男阿保年伍歲
婦女壹口宣阡叁娌年肆拾歲
事産：
瓦屋貳間　陸地壹分貳厘伍毫
營生：補洗

葉十八上

［ST—Z : 4/c4 · 18a · 565］

［前闕］

1 孫女阿女年壹歲
2 事産：草屋貳間
3 營生：佃種本村崇慶院田柒畝

［ST—Z : 4/c4 · 18a · 566］

1 一户陳阿叁，元係湖州路德清縣金鵝鄉拾捌都下舍村玖保人氏，亡宋乙亥年前作民户附籍，至□
2 三年正月内本村隨衆歸附，見於本保住坐應當民役
3 計家：親屬伍口
4 男子貳口
5 成丁壹口陳阿叁年肆拾肆歲
6 不成丁壹口男阿雙年壹拾叁歲
7 婦女叁口
8 妻衛拾叁娘年叁拾柒歲　女阿娜年壹拾柒歲
9 女阿妹年捌歲
10 事産：
11 陸地壹畝　瓦屋貳間壹□

營生：佃田

[ST—Z：4/c4・18b・567]

□四

一户馮肆貳，元係湖州路德清縣金鵝鄉拾捌都下舍村玖保人氏，亡宋乙亥年前民户附籍，至元十□
正月内本村隨衆歸附，見於本保住坐應當民役
計家：親屬柒口
男子叁口
成丁貳口
弟阿肆年伍拾柒歲　男萬伍年壹拾捌歲
不成丁壹口馮肆貳年陸拾壹歲
婦女肆口
母丁壹娘年捌拾壹歲　妻沈肆娘年伍拾捌歲
女阿叁娘年壹拾肆歲　女小娜年捌歲
事産：
田地伍畝捌分
水田肆畝伍分　陸地壹畝叁分
瓦屋貳間　船壹隻
營生：養種，帶佃普向寺田伍畝伍分，净慈寺田貳畝伍分，安国寺田柒畝

葉十九上〔一〕

〔前闕〕

1 男子不成丁壹口男阿叁年叁歲〔二〕
2 婦女叁口
3 胡捌娘年捌拾肆歲　女叁娘年伍拾捌歲
4 女伍娘年叁拾歲
5 事産：
6 田地肆畝
7 水田叁畝伍分　陸地伍分
8 瓦屋壹間半貳舍
9 營生：養種

1 一户王柒〔三〕，元係湖州路德清縣金雞鄉拾肆都松溪村人氏，亡宋乙亥年前作民户附籍，至元十三年正月内於本村□
2 見於本保住坐應當民役
3 計家：親屬壹口
4 男子不成丁壹口王柒年陸拾肆歲
5 事産：
6 陸地□分　草屋壹間

〔一〕該葉與册二葉四十九内容基本相同，爲重複葉。
〔二〕該户與册二葉四十九第一户爲同一户。另，該户上方被墨書綫條半包圍。
〔三〕該户與册二葉四十九「王柒」户爲同一户。

7 營生：手趁

1 一户胡陸〔一〕，元係湖州路德清縣金雞鄉拾肆都松溪村人氏，亡宋乙亥年前作民户附籍，至元十三年正月内於本村隨衆□

2 於本保住坐應當民役

3 計家：親屬男子不成丁壹口

4 胡陸年陸拾伍歲

5 事産：

6 水田伍畝伍分　瓦屋壹間半

7 營生：養種，佃田

1 一户胡貳拾壹〔二〕，元係湖州路德清縣金雞鄉拾肆都松溪村人氏，亡宋乙亥年前作民户附籍，至元十三年正月内於□

2 歸附，見於本保住坐應當民役

3 計家：親屬男子壹口

4 不成丁壹口胡貳拾壹年陸拾陸歲

5 事産：

6 水田肆畝　瓦屋壹間壹厦

7 營生：養種

〔一〕該户與册二葉四十九「胡陸」户爲同一户。

〔二〕該户與册二葉四十九「胡貳拾壹」户爲同一户。

葉二十上

[ST—Z：4/c4・20a・568]

［前闕］

1 男子肆口

2 成丁壹口男阡伍年叁拾歲 退低

3 不成丁叁口

4 沈伯肆年陸拾捌歲　孫男婆孫年柒歲

5 孫男閏長年壹歲

6 婦女貳口

7 妻阿蔡年陸拾捌歲　媳婦阿胡年叁拾□

8 事産：

9 田地蕩伍畝伍毫

10 水田叁畝叁分叁厘叁毫　陸地壹畝壹分柒厘□

11 草蕩伍分

12 瓦屋壹間半壹舍

13 營生：養種，帶佃崇德縣聖因院田貳畝柒分伍厘

[ST—Z：4/c4・20a・569]

1 一户沈阡陸，元係湖州路德清縣金鵝鄉拾肆都北塔村人氏，亡宋乙亥年作民户附籍，至元拾叁年□

2 附，見在本村住坐應當民役

3 計家：親屬柒口

男子肆口
成丁貳口
男萬壹年叁拾貳歲　男五奴年壹拾陸歲
不成丁貳口
沈阡陸年陸拾叁歲　孫男伴叔年伍歲
婦女叁口
男婦阿孫年叁拾歲　孫女阿端年捌歲
女阿肆年叁歲
事産：
田地叁畝柒分伍厘
水田貳畝柒分伍厘　陸地壹畝
瓦屋貳間壹步　船壹隻
營生：養種，帶佃本都新市鎮行監院寺田地玖畝玖分伍厘

葉二十一上

[ST—Z : 4/c4 • 21a • 570]

［前闕］

1 婦女肆口

2 兒婦嚴叁娘年叁拾歲　兒婦謝肆娘年貳拾伍歲

3 孫女阿羽年壹拾歲　孫女阿□年叁歲

4 事産：

5 田地蕩壹拾壹畝玖厘

6 水田捌畝貳分伍厘　陸地伍分玖厘

7 蕩貳畝貳分伍厘

8 瓦屋貳小間壹舍

9 營生：養種，帶佃仁和崇奌院田陸畝柒分，杭州西湖極樂寺田伍畝

[ST—Z : 4/c4 • 21a • 571]

1 一户沈伯柒，元係湖州路德清縣金鵝鄉拾叁都拾保佇侶村人氏，亡宋乙亥年前作民户附籍，至元十□

2 附，見在本保住坐應當民役

3 計家：親属柒口

4 男子伍口

5 成丁叁口

6 沈伯柒年伍拾柒歲　弟伯捌年肆拾□
7 女夫朱肆肆年叁拾陸歲
8 不成丁貳口
9 男德囲年壹拾貳歲　男小孫年壹歲
10 婦女貳口
11 妻孫阡壹娘年伍拾叁歲　女沈壹娘年貳拾捌歲
12 事産：
13 陸地壹畝貳分肆厘伍毫　瓦屋壹間壹步
14 船壹隻
15 營生：佃田

［ST—Z：4/c4・21b・572］

1 一户章阡壹，元係湖州路德清縣金鵝鄉拾叁都拾保佇倡村人氏，亡宋乙亥年前作民户附籍，至元十三年正□
2 見在本保住坐應當民役
3 計家：親屬伍口
4 男子叁口
5 成丁貳口

［後闕］

葉二十二上

［ST—Z：4/c4・22a・573］

［前闕］

事産：
陸地陸分壹厘　　瓦屋壹間
營生：帶佃杭州順慶寺田壹畝壹分貳厘，杭州羊骨埂善應庵田壹畝貳分伍厘

［ST—Z：4/c4・22a・574］

一户徐伯壹，元係湖州路德清縣金鵝鄉拾叁都拾保佇侶村人氏，亡宋乙亥年前作民户附籍，至元十三□
本保住坐應當民役
計家：親屬捌口
男子叁口
成丁貳口
男阡壹年叁拾叁歲　　男阡貳年叁拾歲
不成丁壹口徐伯壹年柒拾陸歲
婦女伍口
妻朱陸娘年陸拾陸歲　　兒婦沈壹娘年叁拾叁歲
兒婦沈叁娘年壹拾捌歲　　孫女阿添年伍歲
孫女小添年壹歲
事産：

田蕩壹拾畝貳分伍厘
水田肆畝貳分伍厘　　草蕩陸畝
瓦屋貳間
營生：養種，帶佃本縣等慈寺田柒畝

［ST—Z : 4/c4 • 22b • 575］

一户丘慶柒，元係湖州路德清縣金鵝鄉拾叁都拾保佇佀村人氏，亡宋乙亥年前作民户附籍，至元十三年正月□
見在本保住坐應當民役
計家：親屬貳口
男子貳口
成丁貳口
丘慶柒年叁拾壹歲　　弟慶捌年貳拾捌歲
事産：
陸地壹畝貳分伍厘　　瓦屋壹間
營生：求趁

［ST—Z : 4/c4 • 22b • 576］

一户王□，元係湖州路德清縣金鵝鄉拾叁都拾保佇□亡宋□□年前作民户附籍，至元十三年正月内歸□
［後闕］

［ST—Z：4/c4·23a·577］

［前闕］

1 十三年於本村歸附，見於本保住坐應當民役
2 計家：親屬肆口
3 男子貳口
4 成丁貳口
5 丘伯壹年伍拾捌歲　男萬壹年壹拾□
6 婦女貳口
7 妻沈〔一〕肆娘年伍拾壹歲　媳婦屠柒娘年□
8 事産：
9 陸地肆分　瓦屋壹間半壹舍
10 營生：養種，帶種杭州慶恩寺田壹畝柒分伍厘

［ST—Z：4/c4·23a·578］

1 一户沈阡貳，元係湖州路德清縣金鵝鄉拾叁都玖保北莊村人氏，亡宋乙亥年前作民户□
2 三年於本村歸附，見於本保住坐應當□
3 計家：親屬叁口
4 男子貳口

〔一〕沈：該葉中此字作爲姓氏出現五次，其餘四次分別爲「沈」、「沈」、「沈」、「沈」，疑此字爲「沈」之俗寫，但尚不確定，故録文中使用原文書圖片。

5 成丁貳口
6 洪阡貳年肆拾伍歲　男肆捌年貳拾壹□
7 婦女壹口妻金拾伍娘年伍拾歲
8 事産：
9 田地壹畝捌分柒厘
10 水田柒分伍厘　陸地壹畝壹分貳厘
11 草屋貳間壹房
12 營生：養種，帶種杭州净化寺水楽洞田壹畝柒分伍厘

[ST—Z：4/c4・23b・579]

1 一户洪伯捌，元係湖州路德清縣金鵝鄉拾叁都玖保坊邊村人氏，亡宋乙亥年前作民户附□
2 元十三年於本村歸附，見於本保住坐應□
3 計家：親屬伍口
4 男子肆口
5 成丁壹口洪伯捌年肆拾伍歲
6 不成丁叁口
7 男阡伍年壹拾叁歲　次男李保年壹拾歲

[後闕]

葉二十四上

[ST—Z：4/c4・24a・580]

1 一户朱陸捌，元係湖州路德清縣金鵝鄉拾捌都下舍村玖保人氏，亡宋乙亥年前民户附□

2 [十□] 三年正月内於本村隨衆歸附，見於本保住坐應□民[役]

3 計家：親屬壹口

4 男子不成丁壹口朱陸捌年捌拾歲

5 事産：草屋壹間

6 營生：即目求趁

[ST—Z：4/c4・24a・581]

[八]

1 一户席叁壹[一]，元係湖州路德清縣金鵝鄉拾捌都下舍村玖保人氏，亡宋乙亥年前民户附□

2 [八] 三年正月内於本村隨衆歸附，見於本保住坐應當□

3 計家：親屬貳口

4 男子不成丁壹口席叁壹年捌拾肆歲

5 婦女壹口妻胡肆娘年柒拾捌歲

6 事産：

[一] 該户上方被墨書綫條半包圍。

水田伍畝伍分　草屋壹間
船壹隻
營生：扎艌，養種

［ST—Z : 4/c4 · 24b · 582］

五

一户沈小貳，元係湖州路德清縣金鵝鄉拾捌都下舍村玖保人氏，亡宋乙亥年前民户附籍，至□
五　正月内於本村隨衆歸附，見於本保住坐應當□
計家：親屬肆口
男子不成丁叁口
沈小貳年陸拾壹歲　男保兒年壹拾叁歲
男阿土年捌歲
婦女壹口妻賈陸娘年伍拾伍歲
事産：瓦屋壹間壹步
營生：佃田

葉二十五上〔一〕

[ST—Z : 4/c4 · 25a · 583]

〔前闕〕

1 元籍内計家四口
2 男子二口
3 成丁一口本目年四十歲
4 不成丁一口男□壽年四歲
5 婦女二口□□□見□寫
6 今抄手狀内計家九口
7 男子六口
8 成丁二口
9 本身年四十歲　弟八千年三十六歲
10 不成丁四口
11 男亜保年一十歲　阿壽年八歲
12 福孫年三歲　姪男泉孫年三歲
13 婦女三口
14 妻阿袁年四十二歲　弟婦阿李年二□
15 姪女丑娘年五歲
16 前件比附元籍内多男子成丁一口
17 弟孫八千年三十六歲

〔一〕該葉爲據手狀編造的人口册，與其餘各葉户籍文書有所不同，考慮其登載兩户信息，故依例編號。

[ST—Z：4/c4・25b・584]

1 一户：雷忠信
2 元籍内計家六口
3 男子二口
4 成丁一口男端一年四十三歲
5 不成丁一口本身年六十四歲
6 婦女四口
7 妻阿董年六十三歲　媳婦阿周年四十[歲]
8 孫女亜伴年七歲　勝女年三歲
9 今抄手狀内計家一十二口
10 男子六口
11 成丁三口
12 男信龍年三十八歲　男峕三年三十二歲
13 端四年二十四歲
14 不成丁三口
15 [本身年]六十八歲　孫男亜狗年三歲
16 孫男亜改年一歲
17 婦女六口

［後闕］

葉二十六上

[ST—Z : 4/c4 • 26a • 585]

□三六芦三

1 一户□清縣金雞鄉拾捌都下舍村玖保人氏，亡宋乙亥年前民户附籍□

2 年正月内於本村隨衆歸附，見於本保住坐應□

3 計家：親属壹口

4 男子成丁壹口芦叁〔一〕年叁拾伍歲

5 事産：

6 水田伍畝　賃房住坐

7 營生：養種

[ST—Z : 4/c4 • 26a • 586]

1 一户周阡壹，元係湖州路德清縣金雞鄉拾捌都下舍村玖保人氏，亡宋乙亥年前民户附籍□

2 年正月内於本村隨衆歸附，見於本保住坐應□

3 計家：親属壹口

4 男子成丁壹口周阡壹年貳拾貳歲

5 事産：瓦屋半間

6 營生：佃田

〔一〕芦叁　此處可知爲「芦叁」户，與户頭右上「□三六芦三」之「芦三」相合。

[ST—Z : 4/c4 · 26b · 587]

1 一户姚伯貳，元係湖州路德清縣金雞鄉拾捌都下舍村玖保人氏□乙□
2 十三年正月內於本村隨衆歸附，見於本□
3 計家：親属壹口
4 男子成丁壹口姚伯貳年肆拾柒歲
5 事産：無，賃房住坐
6 營生：佃種江南紫霄宮田叁畝壹分貳厘伍毫

[ST—Z : 4/c4 · 26b · 588]

三

1 一户屠拾玖娘，元係湖州路德清縣金雞鄉拾捌都下舍村玖保人氏，亡宋乙亥年前民户附□
2 三年正月內於本村隨衆歸附，見於本保住坐應當□
3 計家：親属肆口
4 男子叁口
5 不成丁叁口
6 男阡肆年壹拾叁歲　　男阡伍年伍歲
7 男阡陸年叁歲
8 □口屠拾玖娘年伍拾歲

[後闕]

葉二十七上〔一〕

[前闕]
1 成丁壹口女夫沈阿叁年叁拾壹歲〔二〕
2 不成丁貳口
3 姚伯陸年陸拾肆歲　孫萬壹年玖歲
4 婦女壹口女姚柒娘年叁拾柒歲
5 事産：
6 水田陸畝伍分　船壹隻
7 營生：瓶罐

六

1 一戶姚拾叁〔三〕，元係嘉興路崇德縣石門村〔四〕人氏，亡宋乙亥年前民戶附籍，至元十三年本處隨□
2 附，至元二十二年移居，見於湖州路德清縣□
3 都下舍村玖保船居
4 計家：親屬陸口
5 男子貳口
6 成丁貳口
7 姚拾叁年伍拾叁歲　男阡玖年叁拾伍歲

〔一〕該葉與册三葉十七、葉十八均爲重複葉。
〔二〕據該戶第三行可知爲「姚伯陸」戶，與册三葉十七「姚伯陸」戶、葉十八「姚伯陸」戶均爲同一戶。
〔三〕該戶與册三葉十七「姚拾叁」戶爲同一戶。
〔四〕石門村　疑「村」爲「鄉」之誤。參考册三葉十八下第二條注釋。

8 婦女肆口
9 妻鐘叁貳娘年伍拾捌歲　兒婦沈叁娘年貳拾伍□
10 孫女阿朝年伍歲　孫女伴姐年貳歲
11 事産：船壹隻
12 營生：瓶罐

[ST—Z : 4/c4 · 27b · 589]

四

1 一户郁捌伍，元係湖州路德清縣金鵻鄉拾捌都下舍村玖保人氏，亡宋乙亥年前民户□
2 正月内於本村隨衆歸附，見於本保住坐應當□
3 計家：親屬柒口
4 男子陸口
5 成丁貳口
6 郁捌伍年肆拾柒歲　男叁壹年壹□
7 不成丁肆口
8 □□娜年壹拾歲　男阿肆年柒歲
9 男阿伍年伍歲　男阿陸年壹歲
10 婦女壹口妻陸貳娘年肆拾叁歲

[後闕]

葉二十八上

[ST—Z:4/c4·28a·590]

[前闕]

事産：船壹隻
營生：捕魚

□□五□

[ST—Z:4/c4·28a·591]

二

一户鍾叁伍，元係湖州路德清縣金鵝鄉拾捌都下舍村玖保人氏，亡宋乙亥年前民户附籍，至□
年正月内於本村隨衆歸附，見於本保住坐應當民役
計家：親属柒口
男子肆口
成丁貳口
男阡叁年叁拾叁歲　男阡陸年壹拾玖歲
不成丁貳口
鍾叁伍年陸拾貳歲　男阡捌年柒歲
婦女叁口
妻朱捌娘年陸拾歲　兒婦徐貳娘年貳拾□□
女阿換年壹拾叁歲
事産：船貳隻

營生：捕魚

［ST—Z：4/c4・28b・592］

□□□

一户沈彬，元係湖州路德清縣金鵝鄉拾捌都下舍村玖保人氏，亡宋乙亥年前民户附籍，至□

正月内於本村隨衆歸附，見於本保住坐應當民□

計家：親属捌口

男子伍口

成丁貳口

男圭孫年貳拾貳歲　女夫錢福年肆拾歲

不成丁叁口

沈彬年陸拾壹歲　孫男觀㒷年貳歲

孫男换長年壹歲

婦女叁口

妻沈阿周年伍拾捌歲　女壹娘年叁拾伍歲

兒婦沈阿孫年貳拾貳歲

事産：

田地壹拾貳畝肆分貳厘

［後闕］

葉二十九上

［ST—Z：4/c4・29a・593］

［前闕］

男子肆口

成丁壹口丁肆柒年肆拾柒歲

不成丁叁口

男阿保年陸歲　男伯肆年叁歲

男伯伍年壹歲

婦女肆口

妻王貳娘年肆拾壹歲　女阿女年壹拾叁歲

女阿叁年玖歲　女阿多年柒歲

事産：瓦屋壹間半

營生：佃田

［ST—Z：4/c4・29a・594］

一户馮伯肆，元係湖州路德清縣金鵝鄉拾捌都下舍村玖保人氏，亡宋乙亥年前民户附籍□

正月内於本村隨衆歸附，見於本保住坐應當民□

計家：親屬柒口

男子叁口

成丁壹口馮伯肆年肆拾捌歲
不成丁貳口
男阿弟年壹拾歲　男阿添年陸歲
婦女肆口
母胡拾叁娘年陸拾陸歲　妻陸叁娘年肆拾陸歲
女觀奴年壹拾貳歲　女小奴年壹歲
事産：
水田玖畝叁分　瓦屋貳間壹步
船壹隻
營生：養種，佃田

［ST—Z：4/c4・29b・595］

一户馮伯柒，元係湖州路德清縣金𩀨鄉拾捌都下舍村玖保人氏，亡宋乙亥年前民户附籍，至□
年正月内於□歸附，見□□□住坐應當民□
□口
男子貳口
成丁壹口馮伯柒年伍拾捌歲

［後闕］

[ST—Z：4/c4·30a·596]

［前闕］
事産：
水田貳畝　瓦屋壹間
船壹隻
營生：養種，帶種杭州路浄慈寺田叁畝伍分

[ST—Z：4/c4·30a·597]

一户丁萬壹，元係湖州路德清縣金䧳鄉拾捌都下舍村玖保人氏，亡宋乙亥年前民户附籍，至元十三□
於本村隨衆歸附，見於本保住坐應當民役
計家：親屬陸口
男子叁口
成丁壹口丁萬壹年叁拾捌歲
不成丁貳口
父阡肆年陸拾伍歲　男阿換年伍歲
婦女叁口
妻刘陸娘年叁拾伍歲　女伯肆年壹拾貳歲
女阿多年貳歲

11 事産：瓦屋壹間壹歩

12 營生：佃種杭州錢塘縣普照庵田壹拾壹畝，本村安国寺大監寺田伍畝

［ST—Z：4/c4·30b·598］

1 一户丁肆伍，元係湖州路德清縣金䳘鄉拾捌都下舍村玖保人氏，亡宋乙亥年前民户附籍，至元

2 於本村隨衆歸附，見於本保住坐應當民役

3 計家：親屬柒口

4 男子叁口

5 成丁壹口男細柒年叁拾伍歲

6 不成丁貳口

7 丁肆伍年陸拾玖歲　孫捌壹年貳歲

8 婦女肆口

9 兒婦陳貳娘年叁拾伍歲　孫女觀保年壹拾歲

10 孫女拾壹娘年肆歲　孫女玖娘年柒歲

11 事産：

12 田地貳畝陸分

13 水田貳畝伍分　陸地壹分

［後闕］

[ST—Z : 4/c4 · 31a · 599]

［前闕］
田地壹拾玖畝捌分
水田壹拾捌畝　陸地壹畝捌分
瓦屋貳間半壹厦
營生：養種，帶佃拾柒都祈堂庵鄭道田貳畝　錢塘縣安静院田貳畝□

[ST—Z : 4/c4 · 31a · 600]

一户陸伯叁，元係湖州路德清縣金雓鄉拾捌都白土村捌保人氏，亡宋乙亥年前作民户附籍□
年正月於本村隨衆歸附，見於本保住坐應當民□
計家：親屬捌口
男子伍口
成丁貳口
男陸阡壹年肆拾歲　男陸阡叁年叁□
不成丁叁口
陸伯叁年陸拾壹歲　孫小柒年壹拾歲
孫回孫年叁歲
婦女叁口

11 兒婦錢肆娘年叁拾伍歲　孫女捌娘年柒歲
12 孫女細娜年壹歲
13 事産：
14 田地肆畝叁分貳厘
15 水田肆畝　陸地叁分貳厘
16 瓦屋壹間壹厦
17 營生：養種，帶佃杭州路徽德教寺田伍畝，杭州路光相寺田叁畝

[ST—Z : 4/c4 • 31b • 601]

1 一户沈伯陸，元係湖州路德清縣金鵝鄉拾捌都白土村捌保人氏，亡宋乙亥年前作民户附籍，至□
2 正月内於本村隨衆歸附，見於本保住坐應□
3 計家：親屬陸口
4 男子肆口
5 成丁貳口
6 沈伯陸年肆拾陸歲　男□□年壹拾陸歲
7 不成丁貳口
8 姉夫沈肆伍年柒拾伍歲　男小哥年壹拾叁歲

[後闕]

[ST—Z : 4/c4 · 32a · 602]

［前闕］

1 陸地壹畝　　瓦屋壹間半
2 營生：養種，佃田

[ST—Z : 4/c4 · 32a · 603]

1 一户沈拾壹，元係湖州路德清縣金鵝鄉拾捌都白土村捌保人氏，亡宋乙亥年前作民户附籍，至元十三□
2 　　於本村隨衆歸附，見於本保住坐應當民役
3 計家：親屬陸口
4 　　男子伍口
5 　　　成丁壹口男伯伍年伍拾壹歲
6 　　　不成丁肆口
7 　　　　沈拾壹年柒拾柒歲　　孫阿小年柒歲
8 　　　　孫阿壽年伍歲　　孫叁哥兒年叁歲
9 　　婦女壹口兒婦陳阡伍娘年肆拾叁歲
10 事産：
11 　陸地壹分陸厘　　瓦屋壹間
12 營生：佃種杭州路净慈寺田叁畝

［ST—Z : 4/c4 · 32b · 604］

一户徐肆壹，元係湖州路德清縣金鵝鄉拾捌都白土村捌保人氏，亡宋乙亥年前作民户附籍，至元十三年正月□
隨衆歸附，見於本保住坐應當民役
計家：親属柒口
男子伍口
成丁壹口　男伯壹年叁拾貳歲
不成丁肆口
徐肆壹年陸拾貳歲　孫土旺年玖歲
孫阡叁年叁歲　孫阡肆年壹歲
婦女貳口
妻□叁娘年貳拾捌歲　女阿妹年陸歲
事産：
田地叁畝壹分叁厘
水田貳畝　陸地壹畝壹分叁厘
瓦屋壹間半壹厦
營生：養種，帶種下舍村安国寺田肆畝

［ST—Z：4/c4・33a・605］

一户余伯玖，元係湖州路德清縣金雞鄉拾捌都伍庫村捌保人氏，亡宋乙亥年前作民户附籍□
於本村隨衆歸附，見於本保住坐應當民役
計家：親属肆口
男子貳口
成丁壹口余伯玖年肆拾柒歲
不成丁壹口男阿圓年壹拾叁歲
婦女貳口
妻沈貳娘年伍拾壹歲　女阡陸娘年伍歲
事産：
田地壹畝玖分伍厘
水田壹畝捌分　陸地壹分伍厘
瓦屋壹間壹步　農船壹隻
營生：養種，佃田

[ST—Z：4/c4・33b・606]

一户沈肆，元係湖州路德清縣金鵝鄉拾捌都伍庫村捌保人氏，亡宋乙亥年前作民户附□

內於本村隨衆歸附，見於本保住坐應當民役

計家：親屬柒口

男子肆口

成丁貳口

男柒叁年叁拾伍歲　　男柒肆年貳拾伍歲

不成丁貳口

沈肆年陸拾陸歲　　男柒伍年壹拾肆歲

婦女叁口

妻張陸娘年陸拾歲　　兒婦袁壹娘年貳拾伍歲

兒婦沈貳娘年貳拾歲

事産：

田地玖畝

水田柒畝陸分　　陸地壹畝肆分

瓦屋壹間半壹步　　農船壹隻

營生：養種

[ST—Z : 4/c4 · 34a · 607]

[前闕]

1 馮肆壹年陸拾壹歲　　孫李壽年陸歲
2 婦女叁口
3 兒婦楊捌娘年叁拾伍歲　　孫女阿土年玖歲
4 孫女福女年叁歲
5 事産：
6 水田貳畝　　瓦屋壹間壹步
7 船壹隻
8 營生：養種，佃田

[ST—Z : 4/c4 · 34a · 608]

1 一户錢伯貳，元係湖州路德清縣金鵝鄉拾捌都下舍村玖保人氏，亡宋乙亥年前民户附籍，至元十三[　]
2 月内於本村隨衆歸附，見於本保住坐應當民役
3 計家：親屬肆口
4 男子成丁貳口

錢伯貳年陸拾歲　姪肆叁年肆拾伍歲
婦女貳口
兒婦沈伯肆娘年伍拾歲　孫女阿阡年壹拾柒歲
事産：
水田壹畝貳分伍厘　瓦屋壹間壹厦
船壹隻
營生：養種，帶種本村安国寺田伍畝，江南紫宵宫田叁畝壹分貳厘

[ST—Z : 4/c4 · 34b · 609]

一户馮肆叁，元係湖州路德清縣金鵝鄉拾捌都下舍村玖保人氏，亡宋乙亥年前民户附籍□
三年正月内於本村隨衆歸附，見於本保住坐應當民□
計家：親属肆口
男子叁口
成丁壹口　男伍貳年伍拾伍歲
不成丁貳口
馮肆叁年柒拾叁歲　孫男李臾年玖歲
婦女壹口　兒婦陳玖娘年肆拾伍歲
事産：
[後闕]

［ST—Z：4/c4・35a・610］

［前闕］

俞阡伍年貳拾伍歲　弟阿土年壹拾捌歲

不成丁貳口

弟阿丑年壹拾肆歲　弟阿小年壹拾壹歲

婦女貳口

母莫拾壹娘年肆拾捌歲　妹阿女年伍歲

事産：

稑地貳分伍厘　瓦屋壹間

船壹隻

營生：養種

［ST—Z：4/c4・35a・611］

一户朱叁貳，元係湖州路德清縣千秋鄉叁都伍保人氏，亡宋乙亥年間作民户附籍，至元十三年正月内在本□

歸附，見在本保住坐，即目應當民役

計家：親屬肆口

男子貳口

成丁貳口

6 朱叁貳年陸拾歲　　男阡叁年叁拾壹歲
7 婦女貳口
8 妻沈陸娘年伍拾壹歲　　男婦朱阿姚年貳拾壹□
9 事産：
10 賃房住坐
11 營生：佃田本都妙智庵進大師水田□畝伍分，杭州路旌德寺田伍畝

[ST—Z : 4/c4 · 35b · 612]

1 一户沈伯拾，元係湖州路德清縣千秋鄉叁都伍保人氏，亡宋乙亥年間作民户附籍，至元十三年正月内在本□
2 見在本保住坐，即目應當民役
3 計家：親屬壹拾口
4 男子伍口
5 成丁叁口
6 妻弟蔡阡拾壹年肆拾歲　　女夫王叁捌年叁拾貳歲
7 孫添狗年壹拾□歲
8 不成丁貳口
9 沈伯拾年陸拾伍歲　　婿父王叁貳年陸拾伍歲

[後闕]

葉三十六上〔一〕

[ST—Z : 4/c4 · 36a · 613]〔二〕

［前闕］

1 事産：

2 陸地叁畝捌分玖厘　瓦屋貳間貳步

3 船壹隻

4 營生：養種

[ST—Z : 4/c4 · 36a · 614]〔三〕

1 一户朱拾叁娘，元係湖州路德清縣千秋鄉三都五保人氏，亡宋乙亥年前作民户附籍，至元□□

2 在保歸附，本保住坐應當民役

3 計家：親屬陸口

4 男子叁口

5 成丁貳口

6 朱百陸年伍拾伍歲　夫徐七年肆拾伍歲

7 不成丁壹口男僧孫年柒歲

8 婦女叁口

9 朱拾叁娘年肆拾歲　女捌貳娘年捌歲

10 女肆娘年肆歲

〔一〕該葉與册六葉十八内容基本相同，爲重複户。

〔二〕該户與册六葉十八第一户爲重複户。

〔三〕該户與册六葉十八「朱拾叁娘」户爲重複户。

事産：
田地肆畝柒分捌厘
水田貳畝伍分　陸地貳畝貳分捌厘
瓦屋壹間壹厦
營生：養種，帶佃武康縣圓覺寺統知庫水田貳畝壹分捌厘

[ST—Z：4/c4・36b・615]〔一〕

一户沈叁伍，係湖州路德清縣千秋鄉叁都伍保人氏，亡宋乙亥年前作民户附籍，至元十三年正月内在□
附，就保住坐應當民役
計家：親屬叁口
男子貳口
成丁壹口沈叁伍年肆拾陸歲
不成丁壹口男肆貳年壹拾肆歲
婦女壹口
妻楊壹娘年肆拾陸歲
事産：
□畝陸分

[後闕]

〔一〕該户與册六葉十八「沈叁伍」户爲同一户。

葉三十七上

[ST—Z：4/c4・37a・616]

［前闕］

不成丁貳口
□小壹年陸拾柒歲　孫男朱伴奴年伍歲
婦女叁口
妻桂貳娘年柒拾歲　男婦妹柒娘年肆拾□歲
孫女阿伴年壹拾歲
事産：
陸地叁畝壹分叁厘　瓦屋壹間半壹步
船壹隻
營生：養種，佃田，帶種旌德寺水田肆畝

[ST—Z：4/c4・37a・617]

一户朱拾捌，元係湖州路德清縣千秋鄉叁都伍保人氏，亡宋乙亥年間作民户附籍，至元十三年正月内在□
歸附，見在本保住坐，即目應當民役
計家：親屬柒口
男子伍口
成丁貳口

朱拾捌年伍拾肆歲　男肆陸年貳拾伍歲
不成丁叁口
男阿觀年伍歲　孫男阿福年叁歲
孫男⿱吕心兒年壹歲
婦女貳口
妻舒拾娘年伍拾歲　男婦胡肆娘年貳拾歲
事産：
陸地壹畝捌厘　草屋壹間壹步
營生：養種

［ST—Z：4/c4・37b・618］

一戶舒百柒，元係湖州路德清縣千秋鄉叁都伍保人氏，亡宋乙亥年間作民戶附籍，至元十三年正月內在本□
附，見在本保住坐，即目應當民役
計家：親屬捌口
［後闕］

葉三十八上

［ST—Z：4/c4·38a·619］

［前闕］

至今亦在本保住坐，即目應當民役
計家：親屬柒口
男子肆口
成丁壹口男舒千貳年貳拾肆歲
不成丁叁口
舒拾貳年陸拾壹歲　男阡陸年壹拾歲
男阡柒年貳歲
婦女叁口
妻姚肆壹娘年伍拾叁歲　媳婦沈柒娘年貳拾叁歲
女阡伍娘年壹拾貳歲
事産：
田地肆畝
水田貳畝　稑地貳畝
瓦屋壹間半
營生：養種，佃田

［ST—Z：4/c4·38b·620］

1 一户徐叁肆，元係湖州路德清縣千秋鄉叁都陸保人氏，亡宋時養種□衆□
2 本處住坐即目應當民役
3 計家：親屬陸口
4 男子叁口
5 成丁壹口男陸壹年叁拾伍歲
6 不成丁貳口
7 徐叁肆年陸拾叁歲　孫男肆貳年貳歲
8 婦女叁口
9 妻張肆娘年伍拾玖歲　媳婦陳捌娘年貳拾伍歲
10 孫女肆壹娘年伍歲
11 事産：
12 田地山蕩捌畝伍分捌厘
13 水田貳畝　陸地肆畝叁分捌厘
14 山壹畝柒分伍厘　蕩肆分伍厘

［後闕］

葉三十九上

［ST—Z：4/c4・39a・621］

一户賈伯叁，元係湖州路德清縣千秋鄉叁都柒保人氏，亡宋乙亥年作民户附籍，至元十三年正月内在本保□
附，見在本保住坐見當民役
計家：叁口
男子貳口
成丁壹口賈伯叁年叁拾叁歲
不成丁壹口男田兒年叁歲
婦女壹口
妻何貳娘年叁拾壹歲
事産：
地山壹畝貳厘
陸地柒分叁厘　山貳分玖厘
瓦屋壹間壹步
營生：養種

［ST—Z：4/c4・39a・622］

一户賈伯貳，元係湖州路德清縣千秋鄉叁都柒保人氏，亡宋乙亥年間作民户附籍，至元十□

歸附，見在本保賃房〔一〕住坐見當民役
計家：親屬肆口
男子貳口
成丁貳口
賈伯弌年肆拾陸歲　弟伯肆年貳拾柒歲
婦女貳口
母沈柒娘年柒拾歲　妻錢肆娘年叁拾歲
事産：
田地壹畝肆分壹厘
水田壹畝　陸地肆分壹厘
~~賃房住坐~~　船壹隻〔二〕
營生：養種

[ST—Z : 4/c4・39b・623]

一户朱柒，元係湖州路德清縣千秋鄉叄都柒保人氏，亡宋乙亥年間作民户附籍，至元十三年正月内□
附，見在本保住坐見當民役
計家：親屬貳口

[後闕]

〔一〕賃房　「賃房」二字係後來添加。
〔二〕船壹隻　「船壹隻」上方有墨筆綫條引向被删去的「賃房住坐」位置。

葉四十上

[ST—Z：4/c4・40a・624]

1 [前闕]
瓦屋貳間壹步

2 營生：養種，佃田，帶佃伍都□水田伍畝

[ST—Z：4/c4・40a・625]

1 一户張柒，元係湖州路德清縣千秋鄉叁都[一]陸保人氏，亡宋時養種户計，於至元十三年正月内本保隨□

2 目至今本保居住見當民役

3 計家：親屬伍口

4 男子肆口

5 成丁壹口 張夫姚柒貳年肆拾歲

6 不成丁叁口

7 張柒年柒拾陸歲 外甥男土求年伍歲

8 外甥男小娜年壹歲

9 婦女壹口 女叁娘年叁拾捌歲

10 事産：

11 田地肆畝柒厘

12 水田叁畝 桒地壹畝□厘

[一] 都 「都」位置下有一「保」字被覆蓋。

瓦屋壹間半租賃住坐
營生：養種，帶佃普度院下妙智庵敬大師水田肆畝

[ST—Z : 4/c4・40b・626]

一户潘肆伍，元係湖州路德清縣千秋鄉叁都陸保人氏，亡宋時養種户計民户，於至元十三年正月内在本□
歸附，即目在本保住坐應當民户差役
計家：親属貳口
男子成丁〔一〕壹口潘肆伍年貳拾肆歲
婦女壹口母親張貳娘年陸拾玖歲
事産：
瓦屋壹間
營生：佃田

[ST—Z : 4/c4・40b・627]

一户潘伯壹〔二〕，元係湖州路德清縣千秋鄉叁都住坐人氏，亡宋時亡宋時〔三〕係是□□至元十三年正月内□
隨衆歸附應當民役
計家：親属□口
男子貳口
成丁壹口男伯柒年肆拾歲
不成丁壹口潘伯壹年柒拾歲

［後闕］

〔一〕 成丁 「成丁」二字係後來添加。
〔二〕 該户位於「千秋鄉叁都」，而册六葉三十八「潘伯壹」户位於「千秋鄉叁都捌保」，除此以外並無足够信息判斷二户是否爲同一户，故各作獨立户處理。
〔三〕 亡宋時 據行文慣例，原文衍「亡宋時」三字。

葉四十一上

[ST—Z : 4/c4 · 41a · 628]

[前闕]

1 瓦屋壹間壹步　船壹隻
2 營生：養種，佃田

[ST—Z : 4/c4 · 41a · 629]

1 一户潘伯伍，元係湖州路德清縣千秋鄉叁都下管捌保人氏，亡宋乙亥年前作民户附籍，至元十三年□
2 歸附，見在本村住坐應當民户差役
3 計家：親属壹拾壹口
4 男子陸口
5 成丁貳口
6 弟拾肆年叁拾伍歲　男潘阡貳年貳拾歲
7 不成丁肆口
8 潘伯伍年陸拾壹歲　男小哥年壹拾叁歲
9 男阡拾年柒歲　男阡拾伍年叁歲
10 婦女伍口
11 母姚貳娘年柒拾捌歲　妻姚肆娘年伍拾歲

弟婦蔡肆乙娘年叁拾叁歲　　女陸娘年柒歲
女柒娘年伍歲
事産：
田地山貳畝壹分玖厘
水田陸分叁厘　　陸地壹畝貳分伍厘
山叁分壹厘
瓦屋貳間壹厦
營生：養種，帶佃本縣十八都覺正庵田伍畝

[ST—Z：4/c4・41b・630]

一户徐伯叁，元係湖州路德清縣千秋鄉叁都下管捌保人氏，亡宋乙亥年前作民户附□
月内隨衆歸附，見在本村住坐應當民户差□
計家：親屬伍口
男子叁口
成丁貳口
［後闕］

葉四十二上

[ST—Z : 4/c4 · 42a · 631]

一户潘阡貳，元係湖州路德清縣千秋鄉叁都下管捌保人氏，亡宋乙亥年前作民户附籍，至元十三年□
衆歸附，見在本村住坐應當民户差役
計家：親屬肆口
男子貳口
成丁壹口潘阡貳年貳拾陸歲
不成丁壹口弟阡五年壹拾肆歲
婦女貳口
母楊玖娘年伍拾肆歲　妹阡柒年玖歲
事産：
田地柒畝捌分
水田柒畝伍分　陸地叁分
瓦屋壹間半壹步
營生：養種，佃田

[ST—Z : 4/c4 · 42a · 632]

一户潘阡壹，元係湖州路德清縣千秋鄉叁都下管捌保人氏，亡宋乙亥年前作民户附籍，至元□
月内隨衆歸附，見在本村住坐應當民户差役

計家：親属陸口
男子貳口
成丁壹口潘阡壹年叁拾叁歲
不成丁壹口男陳旺年壹拾歲
婦女肆口
妻俞叁娘年叁拾肆歲　女阿妹年陸歲
女小妹年叁歲　女多女年壹歲
事産：
地蕩伍畝捌分肆厘
陸地壹畝叁分肆厘　水蕩肆畝伍分
瓦屋壹間壹步　船壹隻
營生：養種

葉四十三上

[ST—Z：4/c4·43a·633]

[前闕]　女壹娘年肆拾叁歲　媳婦朱叁娘年貳拾伍歲
事産：
陸地貳畝柒分伍厘
瓦屋壹間壹厦　船壹隻
營生：養種，帶種伍都延壽寺田貳畝

[ST—Z：4/c4·43a·634]

一户沈阡柒，元係湖州路德清縣永和鄉壹都人氏，亡宋乙亥年前作民户附籍，至元十三年正□
衆歸附，見在本村住坐應當民户差役
計家：親屬肆口
男子貳口
成丁壹口沈阡柒年肆拾伍歲
不成丁壹口男僧保年伍歲
婦女貳口
妻潘阡壹娘年叁拾壹歲　女德女年壹拾歲

9 事産：
10 田地肆畝壹厘
11 水田叁畝　陸地壹畝壹厘
12 瓦屋壹間壹步　船壹隻
13 營生：養種，佃田

[ST—Z：4/c4·43b·635]

1 一户潘捌肆，年[一]係湖州路德清縣千秋鄉叁都捌保人氏，亡宋乙亥年前作民户附籍，至元十三年□
2 衆歸附，見在本村住坐應當民户差役
3 計家：捌口
4 親屬陸口
5 男子叁口
6 成丁貳口
7 女夫姚阡柒年叁拾壹歲　男壽壹年貳拾壹歲

[後闕]

〔一〕年　據行文體例，「年」當係「元」之誤。

葉四十四上

[ST—Z：4/c4・44a・636]

［前闕］

水田肆畝伍分　陸地壹畝壹分
賃屋住坐
營生：養種，帶種武康縣妙子庵田肆畝伍分

[ST—Z：4/c4・44a・637]

一户沈伯叁，元係湖州路德清縣千秋鄉伍都捌玖保人氏，亡宋乙亥年前作民户附籍，至元十三年□
附，見於本保住坐應當民役
計家：親屬伍口
男子叁口
成丁壹口男阡叁年叁拾歲
不成丁貳口
沈伯叁年陸拾壹歲　小男囬長年壹拾肆歲
婦女貳口
妻陳拾捌娘年伍拾捌歲　媳婦沈伯壹娘年貳拾□
事産：
田地柒畝貳分叁厘
水田肆畝　陸地叁畝貳分叁厘

瓦屋貳間　船壹隻
營生：養種

[ST—Z：4/c4·44b·638]

一户沈伍捌，元係湖州路德清縣千秋鄉伍都捌玖保人氏，亡宋乙亥年前作民户附籍，至元十三年正月□
於本保住坐應當民役
計家：親属陸口
男子肆口
成丁壹口沈伍捌年叁拾玖歲
不成丁叁口
男陳孫年玖歲　男沈小孫年陸歲
男沈叁孫年壹歲
婦女貳口
母陳叁娘年柒拾陸歲　妻沈拾娘年肆拾歲
事産：
田地貳畝肆分叁厘

[後闕]

册五　去聲第四

[ST—Z : 4/c5 · 1a · 639]

［前闕］

水田壹拾畝陸分　　陸地肆畝玖分伍厘
　山捌畝　　蕩貳畝
　瓦屋貳間壹厦　　船壹隻
營生：養種

[ST—Z : 4/c5 · 1a · 640]

一户沈貳㛹户下沈阡肆，元係湖州路德清縣千秋鄉貳都捌保人氏，亡宋乙亥年前作民□
　年正月内在本處歸附，見於至元十六年正月分□
　户計取勘得本户茶地貳分，見於本保住坐應當［下殘］
計家：親屬伍口
　男子叁口
　　成丁壹口沈阡肆年貳拾柒歲
　　不成丁貳口
　　　男沈阡伍年玖歲　　男沈阡陸年貳歲
　婦女貳口
　　　祖母徐貳娘年柒拾捌歲　　妻曹阡壹娘年叁拾叁□
事産：
　地山蕩玖畝壹分壹厘
　　陸地肆畝貳分　　山叁畝肆分壹厘
　　□壹畝伍分

15 瓦屋貳間壹厦

16 營生：養種

[ST—Z : 4/c5・1b・641]

1 一户蔡阡貳，元係湖州路德清縣千秋鄉貳都捌保人氏，亡宋乙亥年前作民户附籍，至元十三年□

2 在本處歸附，見於本保住坐於至元十六年分蒙官□

3 採茶户計，取勘得本户茶地壹分，即目在本保住坐應當［下殘］

4 計家：親屬叁口

5 男子成丁貳口

6 蔡阡貳年肆拾叁歲　　弟蔡阡叁年貳拾壹歲

7 婦女壹口母沈捌娘年陸拾叁歲

8 事産：

9 田地肆畝肆分玖厘

10 水田壹畝貳分伍厘　　陸地叁畝貳分肆厘

11 瓦屋壹間壹厦

12 營生：養種，佃田

葉二上

[ST—Z：4/c5・2a・642]〔一〕

［前闕］

事産：

田地叁畝叁分柒厘

水田貳畝伍分　陸地捌分柒厘

瓦屋貳間壹厦

營生：木匠，養種，帶種杭州路妙净寺田貳畝伍分

[ST—Z：4/c5・2a・643]

一户于伯肆，元係湖州路德清縣千秋鄉伍都拾保人氏，亡宋乙亥年前民户附籍，至元十三年正月□

保歸附，見於本保住坐應當民役

計家：親屬肆口

男子貳口

成丁壹口于伯肆年肆拾貳歲

不成丁壹口男伯柒年伍歲

十三

婦女貳口

妻徐陸娘年叁拾捌歲　女阿女年柒歲

事産：

田地柒畝柒分

〔一〕該户上方有墨筆劃綫。

水田陸畝柒分　陸地壹畝
瓦屋叁間
營生：染匠，養種，帶種武康縣善慶院田貳畝叁分

[ST—Z : 4/c5 • 2b • 644]

一户周玖壹，元係湖州路德清縣千秋鄉伍都拾保人氏，亡宋乙亥年前民户附籍，至元十三年正月内在□
歸附，見於本保住坐應當民役
計家：親屬陸口
男子肆口

十一

成丁壹口男伯肆年叁拾叁歲
不成丁叁口
周玖壹年陸拾玖歲　孫男阿長年伍歲
孫男阿関年叁歲
婦女貳口
媳婦潘伍娘年叁拾叁歲　孫女阿妹年柒歲
事産：
[後闕]

葉三上

[ST—Z：4/c5・3a・645]

移在姚三三前寫

1 一户顧玖，元係湖州路德清縣千秋鄉肆都陸保人氏，亡宋乙亥年前作民户附籍，至元十三年[正]□

2 衆歸附，見在本村住坐應當民户差役

3 計家：親屬貳口

4 男子不成丁貳口

5 顧玖年陸拾壹歲　幼男阿匙年壹拾肆[歲]

6 事産：

7 陸地壹分貳厘

8 草屋壹間

9 營生：養種，佃田

[ST—Z：4/c5・3a・646]

1 一户姚伯壹，元係湖州路德清縣千秋鄉肆都陸保人氏，亡宋乙亥年前作民户附籍，至元十三年[正]□

2 衆歸附，見在本村住坐應當民户差役

3 計家：親屬貳口

4 男子不成丁壹口姚伯壹年陸拾壹歲

5 婦女壹口妻姚拾伍娘年肆拾捌歲

事産：
陸地壹分捌厘
瓦屋壹厦
營生：雜趁，推磨

[ST—Z：4/c5・3b・647]

一户姚伍，元係湖州路德清縣千秋鄉肆都陸保人氏，亡宋乙亥年前作民户附籍，至元十三年正月内□
附，見在本保住坐應當民役
計家：親屬叁口
男子不成丁壹口姚伍年陸拾壹歲
婦女貳口
母沈玖娘年捌拾陸歲　姪女阿娜年壹拾叁歲
事産：
陸地壹畝伍厘
瓦屋壹間壹厦　船壹隻
營生：養種，佃田

□住坐
□孫壽一年一十四歲

[ST—Z：4/c5・4a・648]

1 一户姚小德伯伍，係湖州路德清縣千秋鄉伍都叁保人氏，亡宋乙亥年前作民户附籍，至元十三年正□
2 附，見於本保住坐應當民役
3 計家：親属壹口
4 男子不成丁壹口姚小德伯伍年壹拾貳歲
5 事産：
6 田地肆畝壹分肆厘
7 水田叁畝柒分伍厘　　陸地叁分玖厘
8 瓦屋壹間壹厦
9 營生：養種

[ST—Z：4/c5・4a・649]

1 一户姚侯孫，係湖州路德清縣千秋鄉伍都叁保人氏，亡宋乙亥年前作民户附籍，至元十三年正月□
2 附，見於本保住坐應當民役
3 計家：親属壹口
4 男子不成丁壹口姚侯孫年壹拾歲
5 事産：
6 田地蕩壹拾捌畝捌分玖厘
7 水田壹拾畝伍分　　陸地叁畝叁分伍厘

8 蕩貳畝
9 瓦屋壹間
10 營生：養種

［ST—Z：4/c5·4b·650］

1 一户盛阿柒，係湖州路德清縣千秋鄉伍都貳保人氏，亡宋乙亥年前作民户附籍，至元十三年正月□
2 見於本保住坐應當民役
3 計家：親属壹口
4 男子不成丁壹口盛阿柒年壹拾歲
5 事産：
6 瓦屋壹間壹厦　陸地叁分
7 營生：養種

［ST—Z：4/c5·4b·651］

1 一户沈定興，係湖州路德清縣千秋鄉伍都肆伍保人氏，亡宋乙亥年前作民户附籍，至元十三年正月内□
2 於本保住坐應當民役
3 計家：親属壹口
4 男子不成丁壹口沈定興年壹拾貳歲

［後闕］

[ST—Z : 4/c5・5a・652]

一户丁應龍，係湖州路德清縣人氏，亡宋乙亥年前醫户附，至元十三年正月内在千秋鄉伍都歸附，見於□
住坐應當醫户差役
計家：親屬壹拾壹口
男子柒口
成丁貳口
弟士龍年肆拾玖歲　男仲頤年叁拾伍歲
不成丁伍口
丁應龍年柒拾壹歲　弟震龍年陸拾肆歲
姪元四年壹拾肆歲　姪元伍年壹拾貳歲
孫男阿福年陸歲
婦女肆口
妻錢拾娘年柒拾壹歲　弟婦姚叁壹娘年□拾叁□
男婦倪伍娘年叁拾壹歲　孫女福奴年叁□
事産：
田地蕩貳拾肆畝玖分捌厘

水田壹拾玖畝叁分玖厘　陸地肆畝捌分肆厘
蕩柒分伍厘
瓦屋貳間壹厦
營生：賣藥

［ST—Z：4/c5・5b・653］

一户盛叁玖，係湖州路德清縣人氏，亡宋乙亥年前醫户附籍，至元十三年正月内在千秋鄉伍都歸附，見於本都貳□
應當醫户差役
計家：親属陸口
男子肆口
成丁壹口男阡叁年貳拾壹歲
不成丁叁口
盛叁玖年陸拾肆歲　男捌陸年柒歲
男捌柒年叁歲
婦女貳口
母沈陸娘年捌拾伍歲　妻沈玖娘年伍拾肆歲
事産：
田地貳畝叁分
水田貳分伍厘　陸地貳畝伍厘
瓦屋壹間壹厦
營生：賣藥，養種，帶佃杭州路錢塘縣福慶庵田叁畝，歸安縣積慶庵田壹畝柒分伍厘

葉六上

［ST—Z：4/c5・6a・654］

［前闕］

不成丁叁口
男姚阿娜年壹拾叁歲　男姚阿孫年捌歲
男姚阿閔年肆歲
婦女叁口
妻沈拾貳娘年叁拾肆歲　女姚太女年壹拾貳歲
女姚阿妹年陸歲
事産：
地蕩捌畝貳分伍厘
桒地壹畝貳分伍厘　水蕩柒畝
房屋無賃屋住坐
營生：佃田，帶種普度庵僧崇善田伍畝

［ST—Z：4/c5・6a・655］

一户陳伯拾陸，元係湖州路德清縣千秋鄉伍都戈亭村壹保人氏，亡宋乙亥年前作民户附籍，至元□
歸附，見於本村住坐應當民户差役
計家：親屬陸口

男子叁口

成丁貳口

男陳百七年叁拾叁歲　　男陳伯捌年貳拾陸歲

不成丁壹口陳伯拾陸年陸拾貳歲

婦女叁口

妻費拾捌娘年伍拾壹歲　　女陳阿娜年壹拾叁歲

女陳伴姐年捌歲

事産：

田地貳畝叁分叁厘

水田貳分伍厘　　稑地壹畝捌厘

瓦屋壹間半

營生：佃田

[ST—Z：4/c5・6b・656]

□伯玖，元□

歸附，見於本村住坐應當民户差役

計家：親屬伍口

[後闕]

葉七上

［**ST—Z : 4/c5・7a・657**］

［前闕］

1 弟伯玖年叁拾肆歲　　女夫鍾捌貳年貳拾貳歲
2 不成丁壹口男李旺年壹拾貳歲
3 婦女柒口
4 母姚陸娘年陸拾玖歲　　妻羅伯壹娘年肆拾陸歲
5 弟婦姚拾娘年叁拾玖歲　　弟婦施叁娘年叁拾貳歲
6 女捌娘年貳拾貳歲　　女朝女年捌歲
7 女伴朝年肆歲
8 事産：
9 田地蕩貳拾叁畝柒厘
10 水田陸畝　　陸地柒畝伍分柒厘
11 蕩玖畝伍分
12 瓦屋叁間貳厦　　船壹隻
13 營生：養種，佃田，帶佃南山普寧寺下普德院水田貳畝

［**ST—Z : 4/c5・7a・658**］

1 一户潘伯肆，元係湖州路德清縣千秋鄉叁都玖保人氏，亡宋時民户附籍，至元十三

2　　　　應當民役
3　計家：親属柒口
4　　男子叁口
5　　　成丁貳口
6　　　　潘伯肆年肆拾伍歲　　男萬壹年貳拾歲
7　　　不成丁壹口男小孫年壹拾歲
8　　婦女肆口
9　　　母朱肆娘年陸拾伍歲　　妻朱阡壹娘年肆拾肆歲
10　　　小女拾柒娘年柒歲　　小女回女年肆歲〔一〕
11　事産：
12　　地山伍畝貳分伍厘
13　　　陸地貳分伍厘　　山伍畝
14　　瓦屋壹間半
15　營生：□帶佃叁都普慶□貳畝伍分，拾捌都普德院陸地伍分，武康縣真□
16　　　　地壹畝柒分□厘　伍都延壽寺陸地叁分　武康縣真浄庵水□

〔一〕該行文字墨色較淺。

葉八上

[ST—Z：4/c5・8a・659]

〔前闕〕

1 潘肆壹年陸拾壹歲　女夫王阿陸年叁拾柒歲
2 不成丁貳口
3 男李興年伍歲　孫男聖長年肆歲
4 婦女叁口
5 妻戴壹娘年伍拾伍歲　女柒娘年叁拾叁歲
6 孫女換女年柒歲
7 事産：
8 地蕩肆畝伍厘
9 陸地叁畝叁分　蕩柒分伍厘
10 瓦屋貳間壹步　船壹隻
11 營生：養種，討魚

[ST—Z：4/c5・8a・660]

1 一户潘伯叁，元係湖州路德清縣千秋鄉叁都玖保人氏，亡宋時民户附籍，至元十三年正月内在保□
2 應當民役
3 計家：親屬叁口

4 　　　男子貳口
5 　　　　成丁壹口潘伯叁年叁拾歲
6 　　　　不成丁壹口男保孫年柒歲
7 　　　婦女壹口妻仰拾娘年貳拾玖歲
8 　事産：
9 　　地蕩伍畝壹分柒厘
10 　　　陸地壹畝貳分肆厘　　蕩叁畝玖分叁厘
11 　　瓦屋壹間壹步
12 　營生：養種，佃田，帶佃歸安縣延村明壽庵水田壹畝壹分陸厘

[ST—Z：4/c5・8b・661]

1 一户潘伯叁，元係湖州路德清縣千秋鄉叁都玖保人氏，亡宋時民户附籍，至元十三年正月内□
2 　　　　　應當民役
3 　計家：親屬壹拾貳口
4 　　　男子伍口
5 　　　　成丁肆口
6 　　　　　潘伯叁年肆拾陸歲　　弟伯陸年叁拾柒歲

［後闕］

葉九上

[ST—Z：4/c5・9a・662]

[前闕]

1 男□壹年肆拾□歲　孫男□玖年貳拾捌歲

2 不成丁貳口

3 潘肆年柒拾柒歲　孫男福壽年壹歲

4 婦女肆口

5 妻施拾捌年柒拾伍歲　兒婦蔡肆娘年叁拾陸歲

6 孫婦潘拾叁娘年貳拾壹歲　孫女福女年壹歲

7 事産：

8 田地蕩玖畝肆分捌厘

9 水田肆畝伍分　陸地叁畝貳分叁厘

10 蕩壹畝柒分伍厘

11 瓦屋壹間壹厦　船壹隻

12 營生：養種，帶佃道場山寺水田壹畝伍分

[ST—Z：4/c5・9a・663]

1 一户許伯拾貳，元係湖州路歸安縣長壽鄉叁拾貳都商林村人氏，亡宋時民户附籍，至元□

2 月内在保歸附在本處住坐因家道□

3 清縣千秋鄉叁都玖保賃房〔一〕住坐應當民役
4 計家：親屬肆口
5 男子貳口
6 成丁壹口許伯拾貳年肆拾叁歲
7 不成丁壹口男大安年壹拾叁歲
8 婦女貳口
9 妻管阡壹娘年叁拾柒歲　女太女年肆歲
10 ~~事産：賃房住坐~~
11 營生：趁作

[ST—Z : 4/c5・9b・664]

1 一户潘叁陸，元係湖州路德清縣千秋鄉叁都玖保人氏，亡宋時民户附籍，至元十三年正□
2 應當民役
3 計家：親屬壹拾叁口
4 男子捌口
5 成丁貳口
6 男肆叁年叁拾肆歲　男肆捌年貳拾捌歲

［後闕］

〔一〕賃房　「賃房」二字係後來添加。

葉十上

[ST—Z：4/c5・10a・665]〔一〕

〔前闕〕

1 計家：　本身年四十四歲

2 事：

3 瓦屋一間一步　陸地四分三厘

4 營生

[ST—Z：4/c5・10a・666]

1 一户梅伯柒，元係湖州路德清縣千秋鄉伍都捌玖保人氏，亡宋乙亥年前作民户附籍，至元十三□

2 見於本保住坐應當民役

3 計家：親属壹口

4 男子壹口〔二〕

5 成丁壹口梅伯柒年肆拾陸歲〔三〕

6 事産：

7 田地陸畝肆分

8 水田伍畝　陸地壹畝肆分

9 瓦屋壹間

10 營生：養種

[ST—Z：4/c5・10a・667]

1 一户徐伯壹，元係湖州路德清縣千秋鄉伍都捌玖保人氏，亡宋乙亥年前作民户附籍，至元十三年正月□

〔一〕該户文字爲墨書大字，似爲後來補録。

〔二〕該行上方有墨筆綫條引向第三行下。

〔三〕該行上方有墨筆綫條引向第四行下。

2　　　　　　於本保賃房〔一〕住坐應當民役
3　計家：親属~~壹口~~
4　　男子~~壹口~~〔二〕
5　　　成丁壹口徐伯壹年肆拾伍歲〔三〕
6　~~事産：~~
7　　~~賃屋住坐~~
8　營生：租種餘杭縣冲天觀田壹拾壹畝貳分伍厘

〔ST—Z : 4/c5 · 10b · 668〕

1　一户宣阡伍，元係湖州路德清縣千秋鄉伍都捌玖保人氏，亡宋乙亥年前作民户附籍，至元
2　　　　　　附，見於本保住坐應當民役
3　計家：親属~~壹口~~
4　　男子壹口
5　　　成丁~~壹口~~宣阡伍年肆拾伍歲
6　事産：
7　　陸地壹畝貳分
8　　瓦屋壹間壹厦〔四〕
9　　船壹隻
10　營生：佃田，養種

〔一〕賃房　「賃房」二字係後來添加。
〔二〕該行上方有墨筆綫條引向第三行下。
〔三〕該行上方有墨筆綫條引向第四行下。
〔四〕該行上方有墨筆劃綫引向第七行下。

［ST—Z：4/c5・11a・669］

［前闕］

於至元二十五年上迁居本鄉拾捌都茅山村住坐應當民□

□叁口

男子成丁壹口沈阡貳年貳拾肆歲

婦女貳口

妻阿沈年貳拾肆歲　女阿女年叁歲

事産：

田地蕩貳拾肆畝叁分

水田壹拾畝伍分　陸地叁畝捌分

蕩壹拾畝

瓦屋壹間壹厦　船壹隻

營生：養種，帶種戈亭清福院田柒畝伍分，武康縣大原鄉白沙顕慈寺田壹畝

［ST—Z：4/c5・11a・670］

扣讫

一户沈叁柒，元係湖州路德清縣千秋鄉肆都戈亭村玖保人氏，亡宋乙亥年前作民户附籍，至元十三年正月歸□

至元二十五年拾壹月内迁居本鄉拾捌都茅山村住坐應當□

計家：親屬捌口

男子伍口
成丁貳口
男肆捌年叁拾肆歲　男肆玖年貳拾肆歲
不成丁叁口
沈叁柒年陸拾壹歲　孫男李孫年柒歲
次孫男年壹歲
婦女叁口
妻徐貳娘陸拾壹歲　媳婦盛壹娘年貳拾□□
小孫女阿女年肆歲
事産：
地蕩貳畝伍分
陸地伍分　蕩貳畝
賃房住坐　船壹隻
營生：養種

［ST—Z：4/c5・11b・671］

一户沈阡壹，元係湖州路德清縣千秋鄉拾捌都茅山村人氏，亡宋乙亥年前作民户附籍，至元十三年正月内歸附見□
［後闕］

葉十二上

［ST—Z：4/c5・12a・672］

［前闕］
成丁壹口潘〔　〕□□歲
不成丁壹口男太旺年柒歲
婦女伍口
母親何壹娘年柒拾歲　妻潘柒娘年叁拾□歲
女阡肆娘年壹拾貳歲　女阡陸娘年玖歲
女阡捌娘年壹歲
事産：
田地捌畝叁分
水田叁畝柒分伍厘　陸地肆畝伍分伍厘
瓦屋壹間半壹步
營生：養種，佃田，帶佃東衡村普度院水田貳畝柒分伍厘

［ST—Z：4/c5・12a・673］

一户胡柒叁，元係湖州路德清縣千秋鄉叁都玖保人氏，亡宋乙亥年民户附籍，至元十三年正月〔　〕
保歸附應當民役
計家：親屬肆口

4 男子貳口
5 成丁壹口胡柒叁年肆拾壹歲
6 不成丁壹口男胡阿弟年叁歲
7 婦女貳口
8 妻夏伯肆年肆拾貳歲　女胡阿廻年壹拾歲
9 事産：
10 陸地壹畝玖分玖厘　瓦屋貳間壹步
11 營生：養種

[ST—Z : 4/c5 · 12b · 674]

1 一户潘阡陸，元係湖州路德清縣千秋鄉叁都玖保人氏，亡宋時民户附籍，至元十三年正月内在□
2 應當民役
3 計家：親屬陸口
4 男子肆口
5 □
6 不成丁叁口
7 男大長年陸歲　男小長年肆歲

[後闕]

葉十三上

［ST—Z : 4/c5 · 13a · 675］

［前闕］

水田叁畝陸分□　　陸地壹畝玖分伍厘
瓦屋壹間壹厦
營生：養種，帶種官澤顯慈寺田叁畝貳分伍厘

［ST—Z : 4/c5 · 13a · 676］

一户陳阡叁，元係湖州路德清縣千秋鄉伍都壹保人氏，亡宋乙亥年前作民户附籍，至元十三年□
歸附，見於本保住坐應當民役
計家：親屬叁口
男子不成丁壹口陳阡叁年陸拾壹歲
婦女貳口
母陳叁娘年捌拾貳歲　　妻姚貳娘年陸拾歲
事産：
田地叁畝壹分捌厘

水田壹畝叁分叁厘　　陸地壹畝捌分伍厘
瓦屋壹間半壹厦
營生：養種，帶種餘慶庵田柒畝

［ST—Z：4/c5・13b・677］

一户梅念玖，元係湖州路德清縣千秋鄉伍都壹保人氏，亡宋乙亥年前作民户附籍，至元十三年正月□
　　見於本保住坐應當民役
計家：親屬貳口
　男子不成丁壹口梅念玖年陸拾貳歲
　婦女壹口妻蔡壹娘年陸拾叁歲
事産：
　陸地伍分柒厘
　瓦屋壹間
營生：佃田

葉十四上

［ST—Z：4/c5・14a・678］

1 一户蔣伯肆，元係湖州路德清縣千□保人氏，亡宋□正月内在本保隨衆歸□

2

3 計家：親属肆口

4 男子成丁貳口

5 蔣伯肆年叁拾玖歲　弟阡玖年貳拾捌歲

6 婦女貳口

7 母蔣柒娘年陸拾壹歲　弟婦朱阡陸娘年壹拾捌歲

8 事産：

9 田地山壹拾捌畝柒分伍厘

10 水田壹拾畝　陸地叁畝柒分伍厘

11 山伍畝

12 瓦屋壹間壹厦

13 營生：養種，帶佃財賦地壹分，旌德寺田叁畝伍分

○

［ST—Z：4/c5・14a・679］

1 一户何拾，元係湖州路德清縣千秋鄉叁都肆保人氏，亡宋時作民户附籍，至元十三年正月内在本保隨衆歸附［下殘］

2 見於本保住坐

計家：親屬伍口
男子叁口
成丁貳口
男伯陸年肆拾歲　女夫沈小貳年貳拾柒□
不成丁壹口何拾年柒拾叁歲
婦女貳口
男婦王陸娘年肆拾壹歲　孫女柒娘年壹拾柒歲
事産：
田地柒畝伍分
水田肆畝　陸地叁畝伍分
瓦屋貳間壹厦
營生：養種，帶佃財賦地壹畝柒分伍厘，報恩寺田陸畝，長慶寺地貳畝

［ST—Z：4/c5・14b・680］

1 一户潘玖□，元係湖州□□清縣千□□叁都叁▭附籍，至元十三年正月内在本保隨衆歸附
［後闕］

十三　十七　七八　六
□□四——□九二　除十二——□十
卅　廿二

葉十五上

［ST—Z : 4/c5・15a・681］

一戸黃阡玖，元係湖州路德清縣千秋鄉肆都叁保人氏，亡宋乙亥年前醫戸附籍，至元十三年正月内在本處□
於本保住坐應當醫戸差役
計家：親属陸口
男子貳口
成丁壹口黃阡玖年伍拾伍歲
不成丁壹口男保兒年玖歲
婦女肆口
妻俞拾貳娘年肆拾伍歲　女陸伍娘年壹拾叁歲
女阿妹年伍歲　女阿娜年壹歲
事産：
田地叁畝捌分壹厘
水田貳畝貳分伍厘　陸地壹畝伍分陸厘
瓦屋壹間壹厦
營生：賣藥

［ST—Z : 4/c5・15a・682］

一戸沈文俊，元係湖州路德清縣千秋鄉肆都捌保人氏，亡宋乙亥年前作民戸附籍，至元十三□
附，後於至元十八年分附籍本縣醫戸，見於本保住坐□

葉十五下

3 計家：親屬壹拾壹口
4 男子伍口
5 成丁叁口
6 男伯玖年伍拾歲　女夫沈肆貳年□
7 孫男壽壹年壹拾柒歲
8 不成丁貳口
9 沈文俊年陸拾肆歲　孫男阿孫年伍歲
10 婦女伍口
11 妻聞陸娘年陸拾柒歲　女伍娘年貳拾柒歲
12 孫婦姚氏年壹拾柒歲　孫女阿奴年叁歲
13 孫女小奴年壹歲
14 事産：
15 田地蕩貳拾柒畝肆分捌厘
16 水田柒畝　陸地玖畝肆分捌厘
17 蕩壹拾壹畝
18 瓦屋肆間貳厦　船壹隻
19 營生：養種，賣藥

葉十六上

[ST—Z : 4/c5 • 16a • 683]

［前闕］

沈捌壹年肆拾伍歲　弟沈捌貳年肆拾歲
不成丁貳口
男沈保孫年陸歲　小男娜兒年貳歲
婦女壹口妻施阡叁娘年叁拾捌歲
事産：
田地山貳畝肆分陸厘
水田叁分叁厘　陸地壹畝肆分陸厘
山陸分柒厘
瓦屋壹間壹厦
營生：養種，佃田

[ST—Z : 4/c5 • 16a • 684]

一户沈肆玖，元係湖州路德清縣千秋鄉貳都玖拾保人氏，亡宋乙亥年前作民户附籍，至元□
附，見於本保住坐應當民役
計家：親屬肆口
男子成丁壹口沈肆玖年肆拾壹歲
婦女叁口
妻蔡叁柒娘年叁拾柒歲　女蔡阿□

7 小女蔡□膀年肆歲
8 事産：
9 地山蕩壹畝捌分陸厘
10 陸地壹畝貳分陸厘　山壹分
11 蕩伍分
12 瓦屋壹間壹厦
13 營生：養種，帶種杭州路净慈院水田壹畝伍分

[ST—Z：4/c5・16b・685]

1 一户梁伯伍，元係湖州路德清縣千秋鄉貳都玖拾保人氏，亡宋乙□作民户附籍，至元□
2 歸附，見於本保住坐應當民役
3 計家：親屬肆口
4 男子貳口
5 成丁壹口梁伯伍年伍拾歲
6 不成丁壹口男梁阡陸年壹拾貳歲
7 □
8 妻沈柒肆娘年陸拾歲　女梁阿阡年捌歲

[後闕]

葉十七上

[ST—Z：4/c5・17a・686]

［前闕］

1 母親梁拾娘年陸拾陸歲　妻仲柒肆娘年貳拾□

2 事産：

3 陸地伍畝　賃房住坐

4 營生：養種

[ST—Z：4/c5・17a・687]

1 一户姚阡貳，元係湖州路德清縣千秋鄉貳都玖拾保人氏，亡宋乙亥年前作民户附籍，至元十三年□

2 縣隨衆歸附，見於本保住坐應當民役

3 計家：親屬貳口

4 男子成丁壹口姚阡貳年貳拾柒歲

5 婦女壹口母親舒柒娘年陸拾伍歲

6 事産：

7 田地叁畝伍分

8 水田壹畝柒分伍厘　陸地壹畝柒分伍厘

9 草屋壹間壹厦

10 營生：養種，求趁，帶種清修禪院下金山寺水田壹畝玖分伍厘

伍都正壽院可大師陸地叁分

［ST—Z：4/c5・17b・688］

一户丁伯陸，元係湖州路德清縣千秋鄉貳都玖拾保人氏，亡宋乙亥年前作民户附籍，至元十三年正月□
衆歸附，見於本保住坐應當民役
計家：親屬伍口
男子肆口
成丁壹口丁伯陸年叁拾叁歲
不成丁叁口
男丁捨兒年壹拾壹歲　男丁土長年捌歲
男丁多兒年伍歲
婦女壹口妻蔡貳娘年肆拾歲
事産：
田地山貳畝陸分柒厘
水田壹分貳厘　陸地貳畝叁分
山貳分伍厘
瓦屋壹間

［後闕］

葉十八上

[ST—Z : 4/c5 • 18a • 689]

一户王伯陸，元係湖州路德清縣遵教鄉拾壹都新市鎮人氏，亡宋乙亥年前作民户附籍，至元十三年□
於本鎮□□□附，見於本鎮住坐應當民□□役
計家：親属陸口
男子貳口
成丁壹口王伯陸年肆拾陸歲
不成丁壹口男官保年壹拾叁歲
婦女肆口
妻沈阡弍娘年叁拾玖歲　女阿奴年玖歲
女阿小年陸歲　女阿曾年肆歲
事産：
陸地壹分　瓦屋貳間壹厦
營生：賣鐵子

[ST—Z : 4/c5 • 18a • 690]

一户陸阡肆，元係湖州路德清縣遵教鄉拾壹都新市鎮人氏，亡宋乙亥年前作民户附籍，至元□
於本鎮隨衆歸附，見於本鎮住坐應當民户□

計家：親屬伍口
男子叁口
成丁壹口陸阡肆年肆拾貳歲
不成丁貳口
男李保年伍歲　男阿朝年貳歲
婦女貳口
妻沈陸娘年叁拾歲　女阿女年捌歲
事産：
水田壹拾肆畝　賃房住坐
營生：養種

[ST—Z : 4/c5 · 18b · 691]

一户袁叁捌，元係湖州路德清縣金鵞鄉拾貳都人氏，亡宋乙亥年前作民户附籍，至元十三年正月内於本□
歸附，至元二十□
家見行住坐應當民户差役
計家：親屬陸口
男子貳口

［後闕］

葉十九上

［ST—Z : 4/c5 • 19a • 692］

［前闕］

1 陸地壹畝捌厘　水蕩叁分捌厘

2 瓦屋壹間壹厦

3 營生：養種，佃田，帶佃本鎮實濟庵田叁畝，南山普寧寺田叁畝

［ST—Z : 4/c5 • 19a • 693］

1 一户沈伯肆，元係湖州路德清縣遵教鄉拾壹都新市鎮人氏，亡宋乙亥年前作民户附籍，至[ ]

2 月内於本鎮隨衆歸附見於本鎮住坐應當□□差[役]

3 計家：親屬陸口

4 男子貳口

5 成丁壹口沈伯肆年肆拾壹歲

6 不成丁壹口男聖安年貳歲

7 婦女肆口

8 妻沈萬叁娘年叁拾壹歲　女伴姨年壹拾[ ]

9 女阿姆年玖歲　女叁女年陸歲

10 事産：

11 田地伍畝柒分伍厘

12 水田伍畝　陸地柒分伍厘
13 瓦屋貳間
14 營生：賣紗

[ST—Z : 4/c5 • 19b • 694]

1 一户張伯陸，元係湖州路德清縣遵教鄉拾壹都新市鎮人氏，亡宋乙亥年前作民户附籍□
2 本鎮隨衆歸附見於本鎮住坐應當民户□
3 計家：親属伍口
4 男子叁口
5 成丁壹口張伯陸年叁拾柒歲
6 不成丁貳口
7 男阿娜年壹拾貳歲　男阿伍年伍歲
8 婦女貳口
9 妻忻貳娘年叁拾玖歲　女伴娘年捌歲
10 □
11 □分　賃房住坐
12 營生：養種□鎮竟海寺田貳畝，明因院田壹畝

葉二十上〔一〕

［ST—Z : 4/c5 · 20a · 695］〔二〕

1　　男子叁口
2　　　成丁貳口
3　　　　姚伯壹年□拾歲　　　男姚万式男〔三〕叁拾歲
4　　　不成丁壹口男阿伴年陸歲
5　　婦女叁口
6　　　　妻丁柒娘年伍拾歲　　　女阿奴年拾歲
7　　　　女双頂年叁歲
8　事産：
9　　田地伍畝壹分貳厘
10　　　水田伍畝　　　陸地壹分貳厘
11　　屋伍間
12　營生：屠宰

［ST—Z : 4/c5 · 20a · 696］

1　一户徐陸柒，元係湖州路德清縣遵教鄉拾壹都新市鎮人氏，亡宋乙亥年前作民户附□
2　　　　　　　三年正月内歸附應當民役
3　計家：親属伍口

〔一〕該葉與同册葉二十一當爲連續葉（葉二十一在前）。
〔二〕該户爲「姚伯壹」户，同册葉二十一「姚伯壹」户當係本户缺失前半部分。
〔三〕男　據行文慣例，「男」疑爲「年」之誤。

男子叁口
成丁壹口徐陸柒年肆拾伍歲
不成丁貳口
男阿孫年拾伍歲　男茂孫年柒歲
婦女貳口
妻顧氏年肆拾叁歲　女小奴年肆歲
事産：
賃屋住坐
營生：買賣絲綿

[ST—Z：4/c5·20b·697]

一户姚阡壹，元係湖州路德清縣遵教鄉拾壹都新市鎮住坐人氏，亡宋乙亥年前作民户附□
元十三年正月内歸附應當民役
計家：親屬叁口
男子壹口
成丁壹口姚阡壹年叁拾歲
婦女貳口

[後闕]

葉二十一上

[ST—Z : 4/c5 • 21a • 698]

一户張阡貳，元係湖州路德清縣遵教鄉拾壹都新市鎮人氏，亡宋乙亥年前作民户□
元十三年正月内歸附，見應當民役
計家：親属肆口
男子叁口
成丁壹口張阡貳年叁拾玖歲
不成丁貳口
男福德年陸歲　男伴兒年叁歲
婦女壹口妻沈陸娘年叁拾貳歲
事産：
水田貳畝柒分
賃房住坐
營生：雜趁

[ST—Z : 4/c5 • 21a • 699]

一户楊陸壹，元係湖州路德清縣遵教鄉拾壹都新市鎮人氏，亡宋乙亥年前作民□
年正月内歸附應當民役

計家：親屬柒口

男子肆口

成丁壹口男楊阡柒年叁拾伍歲

不成丁叁口

楊陸壹年陸拾叁歲　男喚僧年拾伍歲

孫阿禮年叁歲

婦女叁口

妻張貳拾娘年陸拾歲　兒婦章壹娘年□

孫女婆奴年柒歲

事産：

陸地肆畝捌分伍厘　賃房住坐

營生：賣酒

一户姚伯壹〔一〕，元係湖州路德清縣遵教鄉新市□作民户附籍，至□

月内隨衆歸附應當民役

計家：親屬陸口

〔一〕該户與同册葉二十「姚伯壹」户皆位於「德清縣遵教鄉新市鎮」，户主名相同，且家庭成員都是六口，極可能係同一户，又兩處内容前後銜接，推斷同册葉二十「姚伯壹」户内容應係本户缺失的後半部分。且兩葉筆迹一致，當係連續葉（葉二十一在前）。

葉二十二上

[ST—Z : 4/c5・22a・700]

[前闕]

男子貳口

成丁貳口

張伯伍年肆拾伍歲　　男叁弌年拾捌歲

婦女叁口

母沈貳年柒拾玖歲　　妻丘貳娘年肆拾叁歲

女小女年柒歲

事産：

己地伍分

營生：養種，帶種童涇陳叁道田壹畝伍分

[ST—Z : 4/c5・22a・701]

一户沈阡叁，元係湖州路德清縣遵教鄉拾壹都新市鎮人氏，亡宋乙亥年前作民户附籍，至元□

内歸附，見應當民役

計家：貳口

親属壹口

男子壹口

6 成丁壹口沈阡叁叁拾玖歲

7 典顧身人壹口

8 婦女壹口陸阡貳娘年肆拾伍歲

9 事産：

10 水田壹拾柒畝捌分　賃房住坐

11 營生：雜貨

[ST—Z：4/c5・22b・702]

1 一户陸伯叁，元係湖州路德清縣遵教鄉拾壹都新市鎮人氏，亡宋乙亥年前作民户附籍，至元□

2 内隨衆歸附，見於本鎮應當民役

3 計家：拾口

4 親屬玖口

5 男子肆口

6 成丁壹口陸伯叁年肆拾叁歲

7 不成丁叁口

8 男土保年拾貳歲　男阿関年拾歲

9 男小保年壹歲

[後闕]

葉二十三上

[ST—Z：4/c5・23a・703]

[前闕]

1　屋貳間

2　營生：養種，帶種資福寺水田貳畝柒分伍厘

[ST—Z：4/c5・23a・704]

1　一戶沈伯陸，元係湖州路□□縣遵教□拾壹都新市鎮人氏，亡宋乙亥年前作民戶附籍，至元□□

2　内隨眾歸附，應當民役

3　計家：親属柒口

4　男子陸口

5　成丁貳口

6　男沈陸壹年伍拾貳歲　　男沈陸叁年貳拾壹歲

7　不成丁肆口

8　沈伯陸柒拾壹歲　　孫公壽年拾歲

9　孫德壽年陸歲　　孫慶壽年肆歲

10　婦女壹口兒婦蔡壹娘年肆拾陸歲

11　事產：

12　己屋肆間

13 營生：雜趁

［ST—Z：4/c5・23b・705］

1 一户閔伯肆，元係湖州路德清縣遵教鄉拾壹都新市鎮人氏，亡宋乙亥年前作民户附籍，至元□

2 月内歸附，見應當民役

3 計家：親属肆口

4 男子叁口

5 成丁貳口

6 男觀來年叁拾叁歲　　女夫丘元壹年壹拾柒歲

7 不成丁壹口年陸拾叁歲閔伯肆

8 婦女壹口女萬叁娘年壹拾捌歲

9 事産：

10 陸地肆分貳厘　　賃房住坐

11 營生：養種，帶種□[一]門村報恩院水田貳畝肆分貳厘

［ST—Z：4/c5・23b・706］

1 一户□德□

2 正月内隨衆歸附應當民役

3 計家：親属伍口

［後闕］

［一］□ 此字左半邊爲「身」。

葉二十四上

[ST—Z : 4/c5 • 24a • 707]

1 一户朱拾玖，元係湖州路德清縣遵教鄉拾壹都新市鎮人氏，亡宋乙亥年前作民户附籍，至元十三年正月内於本鎮隨衆□

2 本鎮住坐應當民役

3 計家：親属陸口

4 男子叁口

5 成丁壹口男拾陸年叁拾伍歲

6 不成[一]貳口

7 朱拾玖年陸拾叁歲　孫男阿弟年壹歲

8 婦女叁口

9 妻胡捌娘年陸拾壹歲　兒婦張玖娘年叁拾□歲

10 孫女囲奴年肆歲

11 事産：

12 陸地伍分　賃房住坐

13 營生：養種，佃田武康縣普濟庵水田壹畝伍分，拾都梅林村三德院陸地壹□

14 本鎮覺海寺水田壹畝

[ST—Z : 4/c5 • 24a • 708]

1 一户嚴伯壹，元係湖州路德清縣遵教鄉拾壹都新市鎮人氏，亡宋乙亥年前作民户附籍，至元十三年正月内於本鎮隨衆□

2 住坐應當民户差役

[一] 不成　據行文體例，原文「不成」後當脱「丁」字。

計家：親屬捌口

男子伍口

成丁貳口

男嚴百肆年貳拾玖歲　男嚴伍年貳拾伍歲

不成丁叁口

嚴伯壹年陸拾貳歲　孫男阿長年叁歲

孫男阿弟年壹歲

婦女叁口

妻張阡叁娘年陸拾壹歲　兒婦陳陸娘年貳拾肆歲

兒婦沈肆娘年貳拾壹歲

事産：地蕩叁畝壹分叁厘

陸地貳畝六分三厘　水蕩伍分

瓦[一]貳間壹厦

營生：養種，佃田

[一] 瓦　據行文體例，「瓦」字後當脱「屋」字。

葉二十五上

[ST—Z : 4/c5・25a・709]

［前闕］
事産：
陸地壹分□厘　　瓦屋壹間壹厦
營生：推磨

[ST—Z : 4/c5・25a・710]

一户謝肆肆，元係湖州路德清縣遵教鄉拾壹都新市鎮人氏，亡宋乙亥年前作民户附籍，至元十三年正月内於本鎮□
歸附，見於本鎮住坐應當民户差役
計家：親属貳口
男子成丁壹口謝肆肆年叁拾伍歲
婦女壹口親姑謝叁捌娘年陸拾柒歲
事産：
水田壹拾壹畝　　陸地柒分伍厘
瓦屋貳間壹厦
事産［一］：守産

[ST—Z : 4/c5・25a・711]

一户周伯柒，元係湖州路德清縣遵教鄉拾壹都新市鎮人氏，亡宋乙亥年前作民户附籍，至元十三年正□

［一］事産　據行文體例，「事産」當爲「營生」之誤。

2 附，見於本鎮住坐應當民户差役
3 計家：親属伍口
4 男子叁口
5 成丁壹口男阡玖年叁拾壹歲
6 不成丁貳口
7 周伯柒年陸拾叁歲　弟伯捌年陸拾壹歲
8 婦女貳口
9 妻金肆娘年陸拾歲　女阿妹年壹拾叁歲
10 事産：
11 水田貳畝　賃房住坐
12 營生：養種，佃田

[ST—Z：4/c5・25b・712]

1 一户嚴伍，元係湖州路德清縣遵教鄉□□□新市鎮人氏，亡宋乙亥年前作民户附籍，至元十三年正[月]▯
2 見在本鎮住坐應當民户差役
3 計家：親属陸口
4 男子叁口

[後闕]

葉二十六上

[ST—Z : 4/c5 · 26a · 713]

〔前闕〕

1 不成丁壹口男昭德年叁歲
2 婦女貳口
3 母親蔡拾娘年陸拾柒歲　妻沈叁娘年叁拾歲
4 事産：
5 水田壹畝　賃瓦屋貳間住坐
6 營生：養種，佃田

[ST—Z : 4/c5 · 26a · 714]

1 一户鐘阡貳，元係湖州路崇德縣〔一〕積善鄉拾陸都馬鳴村人氏，亡宋乙亥年前作民户附籍，至元十三年正月内搬移□
2 市鎮住坐應當民户差役
3 計家：親屬伍口
4 男子貳口
5 成丁壹口鐘阡貳年肆拾貳歲
6 不成丁壹口男觀福年壹拾叁歲
7 婦女叁口

〔一〕湖州路崇德縣　據《元史》卷六十二《地理五》「嘉興路」條：「崇德州，中。石晉置，宋因之。元元貞元年升州。」崇德縣屬嘉興路，元元貞元年升爲州，且該文書其他幾處均作「嘉興路崇德縣」，故此處「湖州路」應爲「嘉興路」之誤。

8 妻徐叁娘年叁拾肆歲　女阿貳娘年壹拾壹歲
9 女小奴年壹歲
10 事産：田地柒畝陸分肆厘
11 水田伍畝　陸地貳畝陸分肆厘
12 瓦屋伍間一厦
13 營生：養種

[ST—Z : 4/c5 • 26b • 715]

1 一户章阡肆，元係湖州路德清縣遵教鄉拾壹都新市鎮人氏，亡宋乙亥年前作民户附籍，至元十三年正□
2 附，見於本鎮住坐應當民差役
3 計家：親屬伍口
4 男子叁口
5 成丁壹口章阡肆年肆拾伍歲
6 不成丁貳口
7 男章觀保年壹拾叁歲　男安長年柒歲
8 婦女貳口

[後闕]

葉二十七上

[ST—Z：4/c5・27a・716]

1 ［前闕］ 女小奴年壹歲
2 事産：
3 田地玖畝陸厘
4 水田肆畝玖分玖厘 陸地肆畝柒厘
5 瓦屋貳間壹厦 船壹隻
6 營生：養種，帶佃龍泉庵田貳畝

[ST—Z：4/c5・27a・717]

1 一户沈拾，係湖州路德清縣千秋鄉伍都拾保人氏，亡宋乙亥年前作民户附籍，至元十三年正月□
2 見於本保住坐應當民役
3 計家：親属陸口
4 男子肆口
5 成丁壹口男伯柒年肆拾叁歲
6 不成丁叁口
7 沈拾年陸拾叁歲 孫男阡弍年玖歲
8 孫男阿多年叁歲

婦女貳口
妻陳拾娘年陸拾壹歲　男婦戴拾陸娘年肆拾歲
事産：
田地蕩肆拾壹畝壹分壹厘
水田叁拾壹畝貳分　陸地叁畝陸分陸厘
蕩陸畝貳分伍厘
瓦屋貳間壹厦　船壹隻
營生：養種

[ST—Z : 4/c5 · 27b · 718]

一户沈伯伍，係湖州路德清縣千秋鄉伍都拾保人氏，亡宋乙亥年前作民户附籍，至元十三年正月内歸附□
本保住坐應當民役
計家：親屬伍口
男子貳口
成丁壹口沈伯伍年叁拾伍歲
不成丁壹口男婆孫年捌歲
婦女叁口

[後闕]

葉二十八上

[ST—Z : 4/c5 · 28a · 719]

□民户附籍，至元十三年正月内在本保□
於至元十八年蒙官司撥充杭州路臨平站協濟養馬□
下貼户，見於本保住坐，即目應當馬户差役
計家：親屬壹拾口
男子陸口
成丁貳口
艾伯叁年伍拾柒歲　　女夫姚元四年叁拾貳歲
不成丁肆口
孫男平孫年壹拾貳歲　　孫男壽孫年玖歲
孫男富孫年柒歲　　孫男寧孫年肆□
婦女肆口
妻宋氏壹娘年陸拾陸歲　　女艾叁壹娘年叁拾貳歲
孫女安奴年壹拾壹歲　　孫女小奴年壹歲
事産：

田地山蕩壹頃柒拾叁畝陸分壹厘
水田壹頃壹拾壹畝捌分　　陸地叁拾叁畝肆□
山壹拾伍畝　　蕩壹拾叁畝叁分［下殘］
瓦屋壹拾柒間
營生：守産

［ST—Z : 4/c5・28b・720］

一户沈萬伍，元係湖州路德清縣千秋鄉伍都貳保人氏，亡宋時民户附籍，至元十三年正月内在□
後於至元十八年十一月内蒙官司撥充在馬頭□
杭州路在城站馬貼户，見於本保住坐，即目應當馬户差役
計家：壹拾口
親屬伍口
男子成丁壹口沈萬伍年貳拾柒歲
婦女肆口
丈母沈伍娘年陸拾玖歲　　妻□□貳娘□
女德娘年玖歲　　小女関娘年肆歲
典雇身人伍口
［後闕］

葉二十九上〔一〕

[ST—Z : 4/c5・29a・721]

〔前闕〕

1 男子叁口

2 成丁壹口男叁肆年貳拾玖歲

3 不成丁貳口

4 姚百壹年陸拾肆歲　孫男土孫年拾貳歲

5 婦女叁口

6 妻沈玖娘年陸拾伍歲　孫女壹娘年壹拾□歲

7 孫女叁娘年壹拾伍歲

8 事産：

9 田地山蕩貳拾壹畝柒分陸厘

10 水田壹拾伍畝壹分　陸地肆畝壹分陸厘

11 山壹畝　蕩壹畝伍分

12 房屋肆間

13 營生：養種

[ST—Z : 4/c5・29a・722]

1 一户姚拾玖，元係湖州路德清縣千秋鄉伍都叁保人氏，亡宋乙亥年前作民户附籍，至元十三年□

2 歸附，見於本保住坐應當民户差役

〔一〕該葉有墨筆綫條横貫上下葉，疑欲刪去整葉内容。

計家：親屬柒口
男子肆口
成丁貳口
男百壹年肆拾歲　男百叁年叁拾叁歲
不成丁貳口
姚千玖〔一〕年陸拾捌歲　孫男拾兒年壹拾歲
婦女叁口
妻蔡百壹娘年陸拾玖歲　媳婦沈百式娘年叁拾□
孫女回娘年伍歲
事産：
田地陸畝貳分陸厘
水田肆畝　陸地貳畝貳分陸厘
房屋叁間壹厦
營生：養種，帶種杭州超山圓滿院田伍畝伍分　三都普慶院田肆畝柒分［下殘］

〔一〕姚千玖　該户户頭作「姚拾玖」，與此處「姚千玖」不合。

葉三十上

〔ST—Z : 4/c5 · 30a · 723〕

〔前闕〕

事産：

陸地肆分壹厘

瓦屋壹間壹厦

營生：雜趁

〔ST—Z : 4/c5 · 30a · 724〕

一户盛伯伍，元係湖州路德清縣千秋鄉伍都貳保人氏，亡宋乙亥年前作民户附籍，至元十三年正月□

見於本保住坐應當民役

計家：親属壹口

男子成丁壹口盛伯伍年肆拾歲

事産：

陸地叁分肆厘

瓦屋壹間壹厦
營生：養種

[ST—Z : 4/c5 · 30b · 725]

一户梅伯壹，元係湖州路德清縣千秋鄉伍都貳保人氏，亡宋乙亥年前作民户附籍，至元十三年正月□
附，見於本保住坐應當民役
計家：親屬壹口
男子成丁壹口梅伯壹年肆拾玖歲
事産：
田地肆畝
水田叁畝伍分　陸地伍分
賃屋住坐
營生：手趁

葉三十一上〔一〕

[ST—Z : 4/c5 · 31a · 726]

［前闕］

1 妻姚伯陸娘年叁拾貳歲　　弟婦姚伯柒年貳拾陸歲

2 事産：

3 田地蕩壹拾玖畝肆分肆厘

4 水田壹拾伍畝　　陸地叁畝肆分肆厘

5 蕩壹畝

6 瓦屋叁間

7 營生：養種，帶佃田賦田貳畝貳分伍厘，余杭冲天觀田肆畝，本都延壽寺田柒畝

[ST—Z : 4/c5 · 31a · 727]

1 一户朱柒伍，元係湖州路德清縣千秋鄉五都七保人氏，亡宋時作民户附籍，至元十三年正月内在本□

2 住坐

3 計家：親屬捌口

4 男子伍口

5 成丁壹口男阡拾年貳拾柒歲

6 不成丁肆口

7 朱柒伍年陸拾壹歲　　孫男捌肆年捌歲

〔一〕葉三十一、葉三十二爲連續葉，判斷依據詳後。

8　孫男阡柒年伍歲　　孫男□□□貳歲
9　婦女叁口
10　妻徐伯壹娘年伍拾肆歲　　媳婦朱阡伍娘年貳□□歲
11　女拾貳娘年壹拾歲
12　事産：
13　田地蕩埂壹拾伍畝壹分玖厘
14　水田壹拾貳畝貳分伍厘　　陸地叁畝陸分玖厘
15　蕩壹畝　　蘆埂貳分伍厘
16　房屋叁間壹厦
17　瓦屋貳間壹厦　　草船屋壹間
18　農船壹隻
19　營生：養種，帶佃田賦田貳畝柒分伍厘，武康崇仁鄉純一庵田肆畝伍分

[ST—Z : 4/c5 · 31b · 728]

除此户

1　一户于捌㛐[一]，元係湖州路德清縣千秋鄉五都八九保人氏，亡宋時作民户附籍，至元十三年正月内在本保□
2　於本處住坐
3　計家：親屬陸口

[一] 該户與册六葉四十四上第一户「于捌㛐」户爲同一户。

葉三十二上〔一〕

男子肆口
成丁貳口
男伍叁年肆拾陸歲　次〔二〕男阿拾年叁拾叁歲
不成丁貳口
孫男阿伴年捌歲　孫阿孫年伍歲
婦女貳口
于捌婈年柒拾歲　兒婦楊捌肆娘□
事産：
地蕩伍畝伍分陸厘
陸地壹畝肆分陸厘　蕩肆畝壹分
瓦屋壹間壹厦　船壹隻
營生：養種，帶佃田賦田伍畝，余杭〔三〕冲天觀田捌畝伍分

[ST—Z：4/c5・32a・729]

一户潘伯肆〔四〕，元係湖州路德清縣千秋鄉五都拾保人氏，亡宋時作民户附籍，至元十三年正月内在本保□
於本處住坐

〔一〕該葉與册六葉四十四内容基本相同，爲重複葉。且該葉内容應上接葉三十一「于捌婈」户，因該葉第一户亦爲「于捌婈」户（其居住地據本葉其他人户可推知同樣爲「湖州路德清縣千秋鄉五都」），二者在户名、居住地、人口數、營生方面均一致，當屬同一户，又兩户在内容上恰好前後銜接，故葉三十一、葉三十二應係連續葉。
〔二〕次　册六葉四十三重複户無此字。
〔三〕余杭　册六葉四十三重複户無此字。
〔四〕該户與册六葉四十四「潘伯肆」户爲同一户。

計家：親屬肆口
男子貳口
成丁壹口潘伯肆年肆拾貳歲
不成丁壹口男李孫年叁歲
婦女貳口
妻沈拾娘年叁拾伍歲　女阿土年柒歲
事産：
田地陸畝貳分伍厘
水田伍畝柒分伍厘　陸地伍分
瓦屋壹間壹厦
營生：養種，帶佃田賦田壹畝貳分伍厘

〔ST—Z：4/c5・32b・730〕

一户潘伯叁〔一〕，元係湖州路德清縣千秋鄉伍都拾保人氏，亡宋時作民户附籍，至元十三年正月内本保隨衆□
於本處住坐即目
計家：親屬陸口
男子叁口
成丁壹口潘伯叁年肆拾柒歲

〔後闕〕

〔一〕該户與册六葉四十四「潘伯叁」户爲同一户。

葉三十三上

[ST—Z : 4/c5 · 33a · 731]

[前闕]

營生：養種，帶種本縣慈相寺田壹拾畝，武康縣沈聰□

[ST—Z : 4/c5 · 33a · 732]

一户姚念柒，元係湖州路德清縣千秋□五都□保人氏，亡宋乙亥年前□至元十□
內歸附，見於本保住坐應當民户差役
計家：親屬陸口
男子肆口
二
成丁壹口男肆捌年叁拾玖歲
二
不成丁叁口
姚念柒年陸拾壹歲[一]　孫男輝孫年柒歲
次男聖换年叁歲
婦女貳口
姐姚捌娘年陸拾捌歲　兒婦阿施年叁拾捌□
事産：
田地肆拾伍畝玖分
水田叁拾陸畝叁分　陸地玖畝陸分

[一] 姚念柒年陸拾壹歲　上方有墨筆劃綫引向「成丁」欄下，疑欲調整至「成丁」欄下。

14 房屋伍間　船壹隻

15 營生：養種

［ST—Z：4/c5·33b·733］

1 一户姚肆玖，元係湖州路德清縣千秋鄉伍都叁保人氏，亡宋乙亥年前作民户附籍，至元□

2 歸附，見於本保住坐應當民户差役

3 計家：親屬柒口

4 男子肆口

5 成丁貳口

6 男百陸年叁拾歲　姚肆玖年陸拾歲

7 不成丁貳口

8 孫男阿孫年捌歲　孫男小孫年伍歲

9 婦女叁口

10 妻阿沈年陸拾伍歲　媳婦姚阿沈年□

11 孫女千玖娘年壹拾歲

12 事産：

13 田地山陸畝肆分玖厘

［後闕］

[ST—Z：4/c5・34a・734]

一户吴拾伍，元係湖州路德清縣千秋鄉伍都叁保人氏，□□□亥年前作民户附籍，至元十三年[ ]
附，見於本保住坐應當民役
計家：親属陸口
男子貳口
成丁貳口〔一〕
兄吴小肆年叁拾玖歲　吴拾伍年叁拾歲

攤作一张

婦女肆口
母姚叁娘年柒拾歲　妻黄捌娘年[ ]
女伯叁娘年叁歲　小女伯肆娘年□□
事産：
田地山壹拾壹畝肆分
水田玖畝捌分伍厘　陸地壹畝伍厘
山伍分
瓦屋壹間壹厦

〔一〕該行上方有墨筆綫條，引向第四行下。

營生：養種

〔ST—Z：4/c5・34b・735〕

一户胡柒肆，元係湖州路德清縣千秋鄉伍都叁保人氏，亡宋乙亥年前作民户附籍，至元□

附，見於本保住坐應當民役

計家：親屬伍口

男子叁口

成丁壹口胡柒肆年肆拾歲

不成丁貳口

男太孫年陸歲　次男小孫年□□

婦女貳口

母盛肆娘年陸拾捌歲　妻盛叁肆娘□

事産：

田地陸畝肆分

水田肆畝柒分伍厘　陸地壹畝陸分□□

瓦屋貳間壹厦

營生：養種

葉三十五上

[**ST—Z：4/c5・35a・736**]

［前闕］

1 □扎艌匠并養種爲□

[**ST—Z：4/c5・35a・737**]

1 一户蔡百捌，元係湖州路德清縣千秋鄉伍都肆伍保人氏，亡宋乙亥年前作民户附□

2 月内歸附，見於本保住坐應當民役

3 計家：親屬肆口

4 男子叁口

5 成丁壹口蔡伯捌年叁拾叁歲

6 不成丁貳口

7 男思保年伍歲　男小娜年叁歲

8 婦女壹口妻沈氏年貳拾柒歲

9 事産：

10 水田貳畝伍分　瓦屋壹間

11 營生：養種，佃田

[**ST—Z：4/c5・35a・738**]

1 一户范伯壹，元係湖州路德清縣千秋鄉伍都肆伍保人氏，亡宋乙亥年前作民户附籍，至元十□

2 内歸附，見於本保住坐應當民役

3 計家：親屬叁口
4 男子貳口
5 成丁貳口
6 范伯壹年伍拾捌歲　　男伯陸年壹拾捌歲
7 婦女壹口妻楊阡貳娘年伍拾伍歲
8 事産：
9 陸地陸分陸厘
10 瓦屋壹間　　船壹隻
11 營生：佃田，養種

［ST—Z：4/c5・35b・739］

1 一户何肆肆，元係湖州路德清縣千秋鄉伍都肆伍保人氏，亡宋乙亥年前作民户附籍，至□
2 正月内歸附，見於本保住坐應當民役
3 計家：親屬伍口
4 男子叁口
5 成丁壹口何肆肆年肆拾叁歲
6 不成丁貳口

［後闕］

葉三十六上

［ST—Z：4/c5·36a·740］

1 一户许百二，四五保
2 计家：親屬七口
3 男子三口
4 成丁一口男□〔一〕
5 不成丁貳口
6 許伯弍年陸拾貳歲　孫男大孫年貳歲
7 婦女肆口
8 母親蔡叁娘年捌拾歲　妻蔡叁壹娘年陸拾肆歲
9 男婦沈叁娘年貳拾柒歲　女阿奴年壹拾肆歲
10 事産：
11 陸地伍畝伍分陸厘
12 瓦屋叁間壹厦
13 營生：做頭巾，賣官鹽

［ST—Z：4/c5·36a·741］

1 一户蔡小壹，係湖州路德清縣千秋鄉伍都肆伍保人氏，亡宋乙亥年前作民户附籍，至元十三年正□
2 見於本保住坐應當民役

〔一〕該户第一、二、三、四行均爲墨書大字，疑係後來補入。

計家：親屬陸口
男子叁口
成丁壹口弟小弍年肆拾伍歲
不成丁貳口
蔡小壹年陸拾伍歲　男小毖年貳歲
婦女叁口
母親徐氏年捌拾歲　弟婦潘氏年肆拾歲
女□女年伍歲
事産：
田地捌畝叁分貳厘
水田□□捌分柒厘
瓦屋貳間壹厦
營生：札艌匠

葉三十七上

［ST—Z：4/c5・37a・742］

一户金肆，元係湖州路德清縣永和鄉十六都青坡村人氏，亡宋乙亥年前作民户附籍，至元十三年正□
附，見於本界住坐應當民户差役
計家：親属柒口
男子伍口
成丁壹口男阡叁年貳拾叁歲
不成丁肆口
金肆年柒拾歲　男添保年壹拾肆歲
男添長年壹拾叁歲　男阿老年壹拾壹歲
婦女貳口
妻沈壹娘年伍拾陸歲　兒婦沈玖娘年貳拾歲
事産：
陸地壹畝　典房住坐
營生：雜趁

[ST—Z : 4/c5・37b・743]

一户沈阡貳，元係湖州路□□□永和鄉▭人氏，亡宋乙亥年前作民户附籍，至元□□年正▭
歸附，後至元二十五年十一月内有本縣北界沈伯叁立阡貳爲▭
當民役
計家：親屬柒口
男子成丁壹口沈阡貳年肆拾柒歲
婦女陸口
親婆陸壹娘年捌拾捌歲　母親譙伯叁▭
妻張阡貳娘年肆拾貳歲　女阿僧年壹拾□□
女阿聖年玖歲　女阿叁年陸歲
事産：
陸地陸畝伍分捌厘　瓦屋伍間
營生：賣酒

[ST—Z : 4/c5・37b・744]

一户陸阡拾，元係湖州路德清縣千秋鄉二都人氏，亡宋乙亥年前父陸阡陸爲户作民户附籍，至元▭
隨衆歸附，至元二十五年前來本縣北界住坐應▭
計家：親屬貳口
男子成丁壹口陸阡拾年貳拾捌歲
婦女壹口妻錢萬貳娘年貳拾貳歲
事産：
陸地叁畝伍分　賃房住坐

［後闕］

葉三十八上

[ST—Z：4/c5・38a・745]

［前闕］

1 隨衆歸附，見於本保住坐應當民役
2 計家：親屬壹拾肆口
3 男子伍口
4 成丁貳口
5 陳小玖年伍拾伍歲　弟小拾年伍拾歲
6 不成丁叁口
7 女夫高有年壹拾□歲　男阿陸年肆歲
8 男李得年叁歲
9 婦女玖口
10 母沈壹娘年玖拾歲　妻沈伍娘年伍拾壹歲
11 弟婦沈拾肆娘年肆拾歲　女大凹年壹拾貳歲
12 女小凹年捌歲　女多兒年伍歲

女阿肆年肆歲　　女阿伍年叁歲
女阿捌年壹歲
事産：
田地叁畝貳分伍厘
水田壹畝貳分伍厘　　陸地貳畝
瓦屋貳間
營生：養種

[ST—Z : 4/c5・38b・746]

一户楊肆拾，元係湖州路德清縣金鵝鄉拾伍都藺村拾保人氏，亡宋乙亥年前作民户附籍，至元拾叁年□
隨衆歸附，見於本保住坐應當民役
計家：親屬柒口
男子肆口
成丁貳口
女夫沈阡壹年肆拾壹歲　　弟阿陸年叁拾捌歲
不成丁貳口
楊肆拾年陸拾陸歲　　孫男阿双年叁歲
[後闕]

册六　入聲第五

［ST—Z：5/c6・1a・747］

［前闕］

事産：

田地捌畝玖分

水田伍畝柒分伍厘　陸地叁畝壹分伍厘

瓦屋貳間

營生：蓋匠

［ST—Z：5/c6・1a・748］

一户潘阡叁，係湖州路德清縣千秋鄉伍都柒保人氏，亡宋時蓋匠附籍□内在□

内蒙本縣撥充本路織染局改色人匠，見於本保住□

計家：親屬壹□

男子□

成丁貳口

潘阡叁年伍拾歲　弟阡捌年叁□歲

不成丁肆口

男隆孫年壹拾歲　男小哥年□歲

姪男小孫年壹拾歲　姪男茂孫年陸歲

婦女肆口

妻沈伯壹娘年叁拾柒歲　弟婦陳式娘年貳□

女丑娘年壹拾叁歲　□歲

事産：

陸地叁畝陸分貳厘　瓦屋肆間

營生：蓋匠

[ST—Z : 5/c6 • 1b • 749]

一户屠小貳，係湖州路德清縣千秋鄉伍都陸保人氏，亡宋時機匠附籍，至元十三年正月内在本都歸附□

蒙本縣撥充本路織染局正色人匠，見於本保住坐應□

計家：親属玖口

男子伍口

成丁貳口

屠小弍年伍拾歲　□拾伍歲

不成丁叁口

男小圓年壹拾歲　男阿孫年陸歲

男小□年叁歲

婦女肆口

□拾伍歲　妻楊伯肆娘年肆拾伍歲

弟婦沈伍娘年叁拾伍歲　女阿多年柒歲

事産：

陸地壹畝貳分貳厘

瓦屋壹間壹厦

營生：機匠

葉二上

［ST—Z：5/c6・2a・750］

［前闕］

1 徐肆捌[一]年肆拾歲　男婆壽年壹拾捌歲
2 婦女貳口
3 母高拾肆娘年捌拾肆歲　妻屠陸娘年肆拾叁歲
4 事産：
5 陸地壹分陸厘　瓦屋壹間壹厦
6 營生：雜趁

［ST—Z：5/c6・2a・751］

1 一户朱柒肆，元係湖州路德清縣千秋鄉伍都柒保人氏，亡宋乙亥年前作民户附籍，至元十三年正月内歸附□
2 村住坐應當民役
3 計家：親屬伍口
4 男子成丁貳口
5 朱柒肆年叁拾玖歲　弟柒捌年貳拾伍歲
6 婦女叁口
7 妻楊拾壹娘年叁拾壹歲　女関娘年陸歲

［一］肆捌　「肆捌」二字有被墨筆塗抹的痕迹。

8　女多児年叁歳

9　事産：

10　田地叁分肆厘

11　水田貳分貳厘　　陸地壹分貳厘

瓦屋壹間壹厦

13　營生：養種，帶種順慶寺田陸畝，净勝寺田肆畝貳分肆厘

[ST—Z：5/c6·2b·752]

1　一户楊千叁，元係湖州路德清縣千秋鄉伍都柒保人氏，亡宋乙亥年前作民户附籍，至元十三年正月內□

2　見於本保住坐應當民户差役

3　計家：親屬陸口

4　男子叁口

5　成丁壹口男萬叁年肆拾肆歳

6　不成丁貳口

7　楊千叁年陸拾陸歳　　孫阿吐年壹拾壹歳

[後闕]

葉三上

[ST—Z : 5/c6 • 3a • 753]

［前闕］

1 妻莫陸娘年叁拾陸歲　女▢年捌歲

2 ~~事產~~：

3 ~~賃屋住坐~~

4 營生：佃田，養種

[ST—Z : 5/c6 • 3a • 754]

1 一户姚肆，元係湖州路德清縣千秋鄉伍都捌玖保人氏，亡宋乙亥年前作民户附籍，至元十三年正月内▢

2 見於本保住坐應當民役

3 計家：親屬捌口

4 男子叁口

5 成丁壹口女夫徐肆貳年叁拾伍歲

6 不成丁貳口

7 姚肆年陸拾伍歲　孫男太孫年壹▢

8 婦女伍口

9 妻夏柒娘年柒拾歲　女壹娘年叁▢

10 孫女阿伴年玖歲　孫女小叁年伍歲

11　　孫女小肆年叁歲
12　事産：
13　　田地肆畝叁分陸厘
14　　　水田貳畝　　陸地貳畝叁分陸厘
15　　瓦屋壹間壹厦　　船壹隻
16　營生：養種，帶種餘杭縣沖天觀田肆畝，清聖寺田貳畝

［ST—Z：5/c6·3b·755］

1　一户姚伍叁，元係湖州路歸安縣長壽鄉叁拾壹都人氏，亡宋乙亥年前作民户附籍，至元十三年正月内隨□
2　　附，於至元二十四年内移居德清縣伍都捌玖保賃房〔一〕住坐□
3　計家：親屬貳口
4　　男子成丁壹口姚伍叁年叁拾伍歲
5　　婦女壹口母梅貳娘年陸拾歲
6　~~事産：~~
7　　~~賃屋住坐~~
8　營生：手趁

［ST—Z：5/c6·3b·756］

1　一户高□□，元係崇德□叁都高□村人氏□民户附籍，至元□

［後闕］

〔一〕賃房「賃房」二字係後來添加。

[ST—Z : 5/c6 · 4a · 757]

［前闕］

營生：佃田，帶種清聖寺田壹畝貳分伍厘，洞霄宫田陸畝陸分伍厘

[ST—Z : 5/c6 · 4a · 758]

一户錢拾叁，元□湖州路德清縣千秋鄉伍都捌玖保人氏，亡宋乙亥年前作民户附籍，至元十三年正月□

見於本保住坐應當民役

計家：親属玖口

男子肆口

成丁壹口男阿肆年肆拾壹歲

不成□叁□

錢拾叁年陸拾陸歲　弟拾陸年陸□

孫男阿孫年肆歲

婦女伍口

妻沈拾貳娘年陸拾貳歲　男婦邵貳娘□

孫女婆惜年陸歲　孫女阿多年貳歲

孫女夏娘年壹歲

事産：

田地蕩壹拾畝柒分壹厘

水田伍畝伍分捌厘　陸地叁畝陸□
蕩壹畝伍分
瓦屋貳間壹厦　船壹隻
營生：養種

[ST—Z : 5/c6 • 4b • 759]

一户吴肆陸，元係湖州路德清縣千秋鄉伍都捌玖保人氏，亡宋年年〔一〕前作民户附籍，至元十三年□
本保賃房〔二〕住坐應當民役
計家：親属伍口
男子叁口
成丁壹口男阿壹年叁拾柒歲
不成丁貳口
吴肆陸年陸拾捌歲　孫阿保年壹□
婦女貳口
兒婦朱叁娘年叁拾壹歲　孫女阿女年伍歲
事産：
[後闕]

〔一〕年　據行文體例，「亡宋年」後衍一「年」字。
〔二〕賃房　「賃房」二字係後來添加。

葉五上

[ST—Z : 5/c6 • 5a • 760]

［前闕］

1 水田貳分伍厘　陸地叁畝柒分□

2 瓦屋叁間　船壹隻

3 營生：養種，帶種延壽院田壹拾畝，肆都子福庵田叁畝陸地壹畝伍分

[ST—Z : 5/c6 • 5a • 761]

1 一户沈叁陸，元係湖州路德清縣千秋鄉伍都捌玖保人氏，亡宋乙亥年前作民户附籍，至元□

2 見於本保住坐應當民役

3 計家：親屬貳口

4 男子成丁壹口沈叁陸年伍拾伍歲

5 婦女壹口妻朱貳娘年陸拾肆歲

6 事産：

7 賃屋住坐

8 營生：養種，帶種洞霄宮田叁畝玖分貳厘

[ST—Z : 5/c6 • 5a • 762]

1 一户于叁貳，元係湖州路德清縣千秋鄉伍都捌玖保人氏，亡宋乙亥年前作民户附籍，至元□

2 見於本保住坐應當民役

除此户

3 計家：親属叁口

4 男子貳口

5 成丁壹口于叁貳年伍拾伍歲

6 不成丁壹口男肆柒年壹拾肆歲

7 婦女壹口妻沈貳拾娘年陸拾歲

8 事産：

9 地蕩肆畝貳分

10 陸地肆分　蕩叁畝捌分

11 瓦屋壹間壹厦

12 營生：養種，帶種武康縣實□田肆畝貳分伍厘

[ST—Z：5/c6·5b·763]

1 一户潘叁捌，元係湖州路德清縣千秋鄉伍都捌玖保人氏，亡宋乙亥年前作民户附籍，至元□

2 本保住坐應當民役

3 計家：親属陸口

4 男子叁口

5 成丁壹口男伯叁年壹拾陸歲

6 不成丁貳口

葉六上

[ST—Z：5/c6 · 6a · 764]

[前闕]

1　田地壹拾玖畝叄分柒厘

2　水田壹拾陸畝　　陸地叄畝叄分柒厘

3　瓦屋肆間壹廈　　船壹隻

4　營生：養種，帶種本村延壽院田柒分伍厘

[ST—Z：5/c6 · 6a · 765]

1　一户沈伯拾，元係湖州路德清縣千秋鄉伍都捌玖保人氏，亡宋乙亥年前作民戶附籍，至元

2　　　　本保住坐應當民役

3　計家：親屬壹拾壹口

4　　男子陸口

5　　　成丁貳口

6　　　　男柒壹年叄拾玖歲　　　男柒叄年□

7　　　不成丁肆口

8　　　　沈伯拾壹年陸拾貳歲　　孫男□

9　　　　孫男酉孫年陸歲　　　　孫男田□

10　　婦女伍口

11　　　妻顧伍娘年陸拾伍歲　　孫婦夏□

12　　　男婦沈叄陸娘年貳拾柒歲　　孫女安娘□

13　　　　　　　　　　　　孫女貳娘年貳歲

14　事産：…

15 田地蕩貳拾畝捌分
16 水田壹拾陸畝　陸地叁畝捌分
17 蕩壹畝
18 瓦屋叁間壹厦　船壹隻
19 營生：養種

[ST—Z：5/c6・6b・766]

除此户

1 一户周阡伍，元係湖州路德清縣千秋鄉伍都捌玖保人氏，亡宋乙亥年前作民户附籍，至元十三年□
2 本保住坐應當民役
3 計家：親属貳口
4 男子成丁壹口周阡伍年叁拾捌歲
5 婦女壹口妻沈伍娘年貳拾柒歲
6 事産：
7 田地陸畝伍分柒厘
8 水田肆畝伍分　陸地貳畝柒厘
9 瓦屋壹間半
10 營生：養種，扎艌匠

葉七上

［ST—Z：5/c6・7a・767］

［前闕］

1 男子成丁壹口沈阡貳年叁拾捌歲

2 營生：手趁

［ST—Z：5/c6・7a・768］

1 一户沈叁肆，元係湖州路德清縣北界人氏，亡宋乙亥年前作民户附籍，至元十三年正月内在本縣隨衆歸附，見□

2 界賃房住坐應當民役

3 計家：親屬壹口

4 男子成丁壹口沈叁肆年貳拾伍歲

5 營生：手趁

［ST—Z：5/c6・7a・769］

1 一户吴玉，元係杭州路人氏，亡宋乙亥年前作民户附籍，至元十三年正月内在本縣隨衆歸附，至元二十五年□

2 縣北界借房住坐應當民役

3 計家：親屬壹口

4 男子不成丁壹口吴玉年陸拾伍歲

5 營生：手趁

［ST—Z：5/c6・7a・770］

1 一户吴陸，元係湖州路德清縣永和鄉烏山村人氏，亡宋乙亥年前作民户附籍，至元十三年正月内□

2 歸附，於至元二十四年六月内前來北界慈相院作酒掃使□

3 院住坐應當民役

4 計家：親屬壹口
5 男子不〔一〕成丁壹口吳陸年柒拾壹歲
6 營生：洒掃

［ST—Z : 5/c6・7b・771］

1 一户沈伯貳，元係湖州路德清縣南界人氏，亡宋乙亥年前移居北界作民户附籍，至元十三年正月内在本□
2 附，見於本界賃房住坐應當民役
3 計家：親屬壹口
4 男子不成丁壹口沈伯貳年陸拾伍歲
5 營生：求乞

［ST—Z : 5/c6・7b・772］

1 一户徐伯伍，元係湖州路德清縣北界人氏，亡宋乙亥年前作民户附籍，至元十三年正月内在本縣隨衆□
2 本界賃房住坐應當民役
3 計家：親屬壹口
4 男子不成丁壹口徐伯伍年柒拾陸歲
5 營生：手趁

［ST—Z : 5・7b・773］

1 一户吳肆玖，元係湖州路德清縣永和鄉人氏，亡宋乙亥年前作民户附籍，至元十三年正月内在本縣隨衆歸□
［後闕］

〔一〕不 「不」字係後來添加。

葉八上

［ST—Z : 5/c6 · 8a · 774］

［前闕］

1　男阡叁年肆拾貳歲　男阡肆年叁拾玖歲
2　不成丁肆口
3　鍾伯壹年柒拾歲　孫男回狗年壹拾叁□
4　孫男換狗年玖歲　孫男聖保年伍歲
5　婦女陸口
6　妻戴肆娘年陸拾叁歲　男婦胡壹娘年肆拾□
7　男婦沈貳娘年叁拾陸歲　孫女伍娘年壹拾柒□
8　孫女阿妹年柒歲　孫女阿娜年肆歲
9　事産：
10　地山壹拾柒畝玖分伍毫
11　陸地壹拾肆畝玖分伍毫　山叁畝
12　瓦屋肆間
13　營生：打捕

［ST—Z : 5/c6 · 8a · 775］

1　一户姚肆肆，元係湖州路德清縣北界人氏，亡宋乙亥年前作民户附籍，至元十三年□月内□

衆歸附，至元十六年蒙官司取勘得本户□茶[地]□
分揀作採茶户計，見於本界住坐應當
計家：親属玖口
男子肆口
成丁貳口
男阡壹年貳拾肆歲　　男阡貳年貳拾壹歲
不成丁貳口
姚肆肆年陸拾叁歲　　弟伯捌年陸拾壹歲
婦女伍口
母沈伯叁娘年捌拾叁歲　　妻胡肆娘年伍拾伍□
女阿丑年壹拾叁歲　　女阿巧年壹拾歲
女叁妹年柒歲
事産：
地山陸畝肆分肆厘
陸地貳畝壹分玖厘　　山肆畝貳分伍厘
［後闕］

葉九上

[ST—Z : 5/c6 · 9a · 776]

一

一户姚伯貳，元係湖州路德清縣千秋鄉伍都拾保人氏，亡宋乙亥年前作民户附籍，至元十三年□
附，見於本保住坐應當民户差役
計家：親属貳口
男子~~壹口~~
不成丁壹口姚伯貳年陸拾貳歲〔一〕
婦女壹口妻沈玖娘年陸拾叁歲
事產：
陸地伍分陸厘　　瓦屋壹間壹步
營生：做絮

[ST—Z : 5/c6 · 9a · 777]

二

一户沈伯肆，元係湖州路德清縣千秋鄉伍都拾保人氏，亡宋乙亥年前作民户附籍，至元十□
内歸附，見於本保賃房〔二〕住坐應當民户差役
計家：親属伍口
男子貳口
成丁壹口沈伯肆年肆拾歲

〔一〕該行上方有墨筆綫條引向第四行下。
〔二〕賃房「賃房」二字係後來添加。

不成丁壹口男聖德年叁歲
婦女叁口
妻毛叁娘年貳拾捌歲　母親姚伯壹娘年[　　　]
女伴奴年柒歲
事産：
陸地玖分伍厘　~~集房住坐~~
營生：做絮

[ST—Z：5/c6・9b・778]

四

一户黄千叁，元係湖州路德清縣千秋鄉伍都拾保人氏，亡宋乙亥年前作民户附籍，至[　　　]
附，見於本保住坐應當民户差役
計家：親屬壹拾壹口
男子叁口
成丁貳口
黄阡叁年肆拾伍歲　弟阡柒年叁拾歲
不成丁壹口男太壽年捌歲
婦女捌口
[後闕]

葉十上

[ST—Z : 5/c6 · 10a · 779]

冊七
十二

一户周玖壹，元係湖州路德清縣千秋鄉伍都拾保人氏，亡宋乙亥年前作民户附籍，至元十三□
歸附，見於本保賃房[一]住坐應當民户差役
計家：親属陸口
男子肆口
成丁壹口男伯肆年叁拾叁歲
不成丁叁口
周玖壹年陸拾玖歲　孫男阿長年伍歲
孫男阿関年叁歲
婦女貳口
媳婦潘伍娘年叁拾叁歲　孫女阿妹年柒歲
事産：
水田貳畒　賃房住坐

[一] 賃房　「賃房」二字係後來添加。

13 營生：扎艌

［ST—Z：5/c6・10b・780］

十□九

1 一户沈拾，元係湖州路德清縣千秋鄉伍都拾保人氏，亡宋乙亥年前作民户附籍□
2 見於本保住坐應當民户差役
3 計家：親屬肆口
4 男子叁口
5 成丁壹口沈拾年伍拾壹歲
6 不成丁貳口
7 男太孫年壹拾肆歲　男阿壽年壹拾歲
8 婦女壹口妻盛肆娘年肆拾伍歲
9 事産：
10 陸地壹畝壹分貳厘　瓦屋貳間壹步
11 營生：做造頭巾

［ST—Z : 5/c6・11a・781］

1 一户姚阡壹，元係湖州路德清縣千秋鄉肆都伍保人氏，亡宋乙亥年前作民户附籍，至元十三年正月□

2 附，見於本保賃房〔一〕住坐應當民役

3 計家：親属~~壹口~~

4 男子成丁壹口姚阡壹年叁拾捌歲〔二〕

5 事産：

6 水田貳畝伍分

7 ~~賃房住坐~~ 船壹隻

8 營生：雜趁

［ST—Z : 5/c6・11a・782］

1 一户沈小貳，元係湖州路德清縣千秋鄉肆都伍保人氏，亡宋乙亥年前作民户附籍，至元十三年正□

2 見於本保住坐應當民役

〔一〕賃房 「賃房」二字係後來添加。

〔二〕該行上方有墨筆綫條引向第三行下。

計家：親屬~~壹口~~

男子成丁壹口沈小貳年肆拾肆歲〔一〕

事産：

田地蕩玖畝伍分玖厘

水田叁畝柒分伍厘　陸地貳畝伍分肆□

蕩叁畝叁分

草屋壹間　船壹隻

營生：養種

［ST—Z：5/c6・11b・783］

一户金阡壹，元係湖州路德清縣千秋鄉肆都伍保人氏，亡宋乙亥年前作民户附籍，至元□

歸附，見於本保住坐應當民役

［後闕］

〔一〕該行上方有墨筆綫條引向第三行下。

葉十二上

[ST—Z：5/c6・12a・784]

1 一户朱伯壹，元係湖州路德清縣千秋鄉肆都壹貳保人氏，亡宋乙亥年前作民户附籍，至元十三年正月内歸附，見於本保住坐應當民役

2 計家：親属壹口

3 男子不成丁壹口朱伯壹年陸拾陸歲〔一〕

4 事産：

5 地山叁分

6 陸地陸厘　山貳分肆厘

7 瓦屋壹間

8 營生：求趁

[ST—Z：5/c6・12a・785]

1 一户錢肆，元係湖州路德清縣千秋鄉肆都壹貳保人氏，亡宋乙亥年前作民户附籍，至元十三年正月内歸附，見於本保住

2 計家：親属壹口

3 男子不成丁壹口錢肆年柒拾壹歲〔二〕

4 事産：

5 陸地玖分捌厘

6 瓦屋壹間半〔三〕

〔一〕該行上方有墨筆綫條引向第二行下。

〔二〕該行上方有墨筆綫條引向第二行下。

〔三〕該行上方有墨筆綫條引向第五行下。

7 營生□帶種餘杭縣松隱院水田叁畝

[ST—Z：5/c6・12b・786]

1 一户顧伯伍，元係湖州路德清縣千秋鄉肆都陸保住坐人氏，亡宋乙亥年前作民户附籍，至元十三年正月内歸附，見於本保住坐
應當□
2 計家：親屬壹口
3 男子不成丁壹口顧伯伍年陸拾伍歲
4 事産：
5 陸地叁分陸厘
6 草屋壹間[一]
7 營生：養種，佃田

[ST—Z：5/c6・12b・787]

1 一户王叁玖，元係湖州路德清縣千秋鄉肆都陸保人氏，亡宋乙亥年前作民户附籍，至元十三年正月内歸附，見於本保住坐應當
民役
2 計家：親屬壹口
3 男子不成丁壹口王叁玖年陸拾壹歲[二]
4 事産：
5 田地肆畝壹分陸厘
6 水田肆畝　陸地壹分陸厘
7 瓦屋壹間貳厦
8 營生：養種

[一] 該行上方有墨筆綫條引向第五行下。
[二] 該行上方有墨筆綫條引向第二行下。

葉十三上

[ST—Z : 5/c6 · 13a · 788]

一户沈念壹，元係湖州路德清縣千秋鄉叁都壹貳保人氏，亡宋乙亥年前作民户附籍，至元十三年正月□
歸附，後於至元十六年内蒙官司取勘本户茶□
作採茶户計，見於本保住坐應當茶户差役
計家：親屬肆口
男子成丁壹口沈念壹年肆拾柒歲
婦女叁口
妻何拾肆娘年肆拾叁歲　女沈乙娘年壹拾□歲
女沈貳娘年壹拾叁歲
事産：
田地山蕩壹拾貳畝貳分陸厘
水田柒畝　陸地肆畝貳分陸厘
山伍分　蕩伍分
瓦屋壹間壹厦
營生：養種

葉十三下

[ST—Z : 5/c6 · 13a · 789]

一户沈捌貳，元係湖州路德清縣千秋鄉叁都壹貳保人氏，亡宋乙亥年前作民户附籍，至元十□
歸附，後至元十六年内蒙官司取勘本户茶地陸□
茶户計，見於本保住坐，即目應當茶户差役
計家：親屬伍口
男子成丁壹口沈捌貳年貳拾柒歲

6　婦女肆口
7　母沈乙娘年柒拾歲　妻王阡伍娘年貳拾壹歲
8　女沈貳娘年玖歲　女沈阿叁娘年貳歲
9　事産：
10　田地山蕩玖畝玖分
11　水田叁畝柒分　陸地肆畝
12　山貳畝　蕩貳分
13　瓦屋貳間
14　營生：養種

[ST—Z : 5/c6 · 13b · 790]

1　一户沈肆肆，元係湖州路德清縣千秋鄉叁都壹貳保人氏，亡宋乙亥年前作民户附籍，至元十三年正月内在□
2　附，後至元十六年内蒙官司取勘本户茶地貳□分採□
3　見於本保住坐，即目應當茶户差役
4　計家：親屬壹口
5　男子成丁壹口沈肆肆年貳拾肆歲〔一〕
6　事産：
7　田地山五厶二分三厘
8　水田二厶六分五厘　陸地一厶八分七厘　山六分九厘〔二〕

［後闕］

[ST—Z : 5/c6 · 14a · 791]

〔一〕該行上方有墨筆綫條引向第四行下。
〔二〕該户第七、八行爲墨書大字，或係後補，且水田、陸地、山畝數相加爲五厶二分一厘，與第七行總數「五厶二分三厘」不合。

葉十四上

一户俞小肆，元係湖州路德清縣千秋鄉肆都叁保人氏，亡宋乙亥年前作民户附籍，至元十三年正月内□

見在本保住坐應當民户差役

計家：親属壹口

男子不成丁壹口俞小肆年陸拾壹歲

事産：

田地山叁畝柒分玖厘

水田叁畝　　陸地貳分玖厘

山伍分

9 瓦屋壹間壹厦

10 營生：養種

［ST—Z : 5/c6 · 14b · 792］

1 一户俞貳，元係湖州路德清縣千秋鄉肆都叁保人氏，亡宋乙亥年前作民户附籍，至元十三年正月内□

2 在本保住坐應當民户差役

3 計家：親属壹口

4 男子不成丁壹口俞貳年柒拾歲

5 事産：

6 地山貳畝壹分壹厘

7 陸地壹畝叁分陸厘　山柒分伍厘

8 瓦屋壹間壹厦

9 營生：養種

葉十五上

[ST—Z : 5/c6・15a・793]

［前闕］

1 成丁貳口
2 沈伍陸年叁拾玖歲　男柒伍年壹拾柒歲
3 不成丁壹口小男阿狗年陸歲
4 婦女貳口
5 妻許叁娘年叁拾歲　女阿妹年貳歲
6 事産：
7 田地叁畝玖厘
8 水田壹畝伍分　陸地壹畝伍分玖厘
9 瓦屋壹間壹厦
10 營生：養種，佃田

[ST—Z : 5/c6・15a・794]

四

1 一户仰肆貳，元係湖州路德清縣千秋鄉肆都拾保人氏，亡宋乙亥年前作扎䑸匠附籍，至元十三年正月内歸附見於□
2 應當民役
3 計家：親屬柒口

16　15　14　13　12　11　10　9　8　7　6　5　4

男子肆口
成丁壹口女夫陳阿肆年伍拾歲
不成丁叁口
仰肆貳年柒拾壹歲　外甥男宝得年陸歲
外甥男阿伴年叁歲
婦女叁口
妻沈玖娘年柒拾歲　女仰伯叁娘年肆拾□
外甥小孫年壹拾歲
事産：
田地肆畝捌分貳厘
水田肆畝　陸地捌分貳厘
瓦屋壹間壹厦
營生：養種，扎艙

葉十六上

［ST—Z : 5/c6・16a・795］

一户沈柒〔一〕，元係湖州路德清縣千秋鄉叁都壹貳保人氏，亡宋乙亥年前作民户附籍，至元十□
内在保歸附，於至元十六年分蒙官司分揀採茶□
本户茶地捌厘，見於本保住坐應當茶户□
計家：親屬肆口
男子貳口
成丁壹口男伯陸年叁拾捌歲
不成丁壹口沈柒年陸拾叁歲
婦女貳口
兒婦何阡貳娘年叁拾肆歲　孫女阿女年捌歲
事産：
田地貳畝捌分捌厘
水田貳畝　陸地捌分捌厘

〔一〕該户被一道墨筆綫條劃去。

瓦屋壹間
營生：養種

［ST—Z : 5/c6・16b・796］

一户何念壹，元係湖州路德清縣千秋鄉叁都壹貳保人氏，亡宋乙亥年前作民户附□
正月内在保歸附，於至元十六年分蒙官司分揀採□
勘得本户茶户壹分肆厘，見於本保住坐應當□
計家：親屬伍口
男子叁口
成丁壹口男何捌年肆拾叁歲
不成丁貳口
何念壹年柒拾伍歲　孫男伯拾貳年□
婦女貳口

［後闕］

葉十七上

［ST—Z：5/c6・17a・797］

［前闕］

附應當民役

計家：親屬陸口

男子叁口

成丁貳口

男伯拾壹年肆拾伍歲　　孫男阡貳年貳拾歲

不成丁壹口潘捌年柒拾叁歲

婦女叁口

媳婦姚肆娘年叁拾玖歲　　孫婦徐壹娘年壹拾玖歲

玄孫女小尫年壹歲

事産：

田地蕩柒畝伍厘

水田叁畝柒分伍厘　　陸地貳畝貳分

蕩壹畝壹分

瓦屋壹間貳步　　船壹隻

15 營生：養種，佃田，帶佃武康縣資福院水田壹拾畝玖分壹厘，武康縣達觀□

［ST—Z：5/c6・17b・798］

1 一户沈拾玖，元係湖州路德清縣千秋鄉叁都玖保人氏，亡宋時民户附籍，至元十三年正月内在村隨□

2 應當民役

3 計家：親属叁口

4 男子成丁壹口沈拾玖年貳拾柒歲

5 婦女貳口

6 母潘伍娘年陸拾柒歲　妻何叁娘年貳拾□歲

7 事産：

8 田地肆畝貳分捌厘

9 水田叁畝　陸地壹畝貳分捌厘

10 瓦屋壹間壹步　船壹隻

11 營生：養種，帶佃道場山寺水田壹畝

［ST—Z：5/c6・17b・799］

1 一户潘肆捌，元係湖州路德清縣千秋鄉叁都□□□氏，亡宋時民户附籍，至元十三年正月内在本□

2 應當民役

3 計家：親属捌口

［後闕］

葉十八上〔一〕

［前闕］

1 事産〔二〕：
2 稑地叁畝捌分玖厘　瓦屋貳間貳步
3 船壹隻
4 營生：養種

1 一户朱拾叁娘〔三〕，元係湖州路德清縣千秋鄉叁都伍保人氏，亡宋乙亥年間作民户附籍，至元十三年正月內在本保隨［衆］
2 本保住坐，即目應當民役
3 計家：親屬陸口
4 男子叁口
5 成丁貳口
6 朱百陸年伍拾伍歲　夫徐七年肆拾伍歲
7 不成丁壹口男僧保年柒歲
8 婦女叁口
9 朱拾叁娘年肆拾歲　女捌式娘年捌歲

〔一〕該葉與册四葉三十六爲重複葉。
〔二〕該户與册四葉三十六第一户爲重複户。
〔三〕該户與册四葉三十六「朱拾叁娘」户爲重複户。

女肆娘年肆歲
事産：
田地肆畝柒分捌厘
水田貳畝伍分　　稑地貳畝貳分捌厘
自己（一）瓦屋壹間壹厦
營生：養種，佃田，帶種武康縣□□寺（二），統知庫水田貳畝壹分捌厘

一户沈叁伍（三），元係湖州路德清縣千秋鄉叁都伍保人氏，亡宋乙亥年間作民户附籍，至元十三年正月内在[ ]
本保住坐，即目應當民應（四）
計家：親屬叁口
男子貳口
成丁壹口沈叁伍年肆拾陸歲
不成丁壹口男肆弍年壹拾肆歲
婦女壹口
妻楊壹娘年肆拾陸歲（五）
事産：
地山壹畝陸厘

[後闕]

（一）自己　册四葉三十六重複户無此二字。
（二）□□寺　册四葉三十六重複户作「圓竟寺」。
（三）該户與册四葉三十六「沈叁伍」户爲同一户。
（四）應　據行文體例及册四重複户，「應」當爲「役」之誤。
（五）該行上方有墨筆綫條引向第七行下。

葉十九上

[ST—Z : 5/c6 · 19a · 800]

［前闕］

1 田地肆畝

2 水田叁畝　稑地壹畝

3 自己瓦屋貳間

4 營生：養種

[ST—Z : 5/c6 · 19a · 801]

1 一户吴千式，元係湖州路德清縣千秋鄉叁都伍保人氏，亡宋乙亥年間作民户附籍，至元十三年□

2 衆歸附，見在本保住坐，即目應當民役

3 計家：親属玖口

4 男子伍口

5 成丁叁口

6 吴阡式年肆拾玖歲　弟阡叁年肆拾伍歲

7 男慶壹年貳拾壹歲

8 不成丁貳口

9 小男伴僧年玖歲　次男伴長年陸歲

10 婦女肆口

11 母親施伍娘年柒拾捌歲　　妻沈柒娘年肆拾□

12 弟婦俞拾壹娘年叁拾玖歲　　小女四娘年壹拾貳歲

13 事産：

14 田地貳拾柒畝叁分捌厘

15 水田壹拾捌畝　　桒地玖畝叁分捌厘

16 自己瓦屋肆間壹厦　　船壹隻

17 營生：養種

[ST—Z : 5/c6 · 19b · 802]

1 一户舒小壹，元係湖州路德清縣千秋鄉叁都伍保人氏，亡宋乙亥年間作民户附籍，至□

2 保住坐即目應當民役

3 計家：親属叁口

4 男子貳口

5 成丁壹口舒小壹年肆拾歲

6 不成丁壹口男得僧年捌歲

7 婦女壹口

8 妻沈阡弌娘年叁拾壹歲[一]

[後闕]

[一] 該行上方有墨筆綫條引向第七行下。

葉二十上

[ST—Z : 5/c6 · 20a · 803]

［前闕］

1 婦女壹口細娜年捌歲
2 事産：
3 田地山肆畝柒分柒厘
4 水田叁畝貳分陸厘　地壹畝叁分壹厘
5 山貳分
6 房屋壹間壹厦
7 營生：養種，帶種紫極觀田壹畝伍分

[ST—Z : 5/c6 · 20a · 804]

1 一户潘伯陸，元係湖州路德清縣千秋鄉叁都壹貳保人氏，亡宋乙亥年前作民户附籍，至□
2 隨衆歸附，見在本村住坐應當民户差役
3 計家：親屬柒口
4 男子肆口
5 成丁貳口
6 潘伯陸年肆拾歲　男貴壹年壹拾捌歲

7 不成丁貳口

8 男小孫年壹拾肆歲　男阿雙年壹拾歲

9 婦女叁口

10 母施叁貳娘年陸拾陸歲　妻□阡伍娘年肆拾貳歲

11 兒婦范伯伍娘年壹拾捌歲

12 事産：

13 田地山壹拾壹畝

14 水田玖畝　陸地壹畝柒分

15 山叁分

16 瓦屋叁間壹步

17 營生：養種

［ST—Z：5/c6・20b・805］

1 一户何小捌，元係湖州路德清縣千秋鄉叁都壹貳保人氏，亡宋乙亥年前作民户附籍，至元十三年正□

2 隨衆歸附，見在本村住坐應當民户差役

［後闕］

葉二十一上

［ST—Z : 5/c6 · 21a · 806］

［前闕］

1 事産：

2 田地山壹拾叁畝叁分伍厘

3 水田柒畝肆分陸厘　陸地叁畝壹分叁厘

4 山貳畝柒分陸厘

5 瓦屋貳間壹步　船壹隻

6 營生：養種，佃田

［ST—Z : 5/c6 · 21a · 807］

1 一户何壹娘，元係湖州路德清縣千秋鄉叁都壹貳保人氏，亡宋乙亥年前作民户附籍，至□

2 隨衆歸附，見在本村住坐應當民户差役

3 計家：親屬肆口

4 男子貳口

5 成丁壹口女夫潘叁肆年貳拾捌歲

6 不成丁壹口孫男阿孫年叁歲

7 婦女貳口

8 何壹娘年伍拾歲　女貳娘年貳拾歲
9 事産：
10 田地山肆畝柒分肆厘
11 水田叁畝陸分貳厘　陸地玖分肆厘
12 山壹分捌厘
13 瓦屋壹間壹步
14 營生：養種，佃田

[ST—Z：5/c6・21b・808]

1 一户何叁叁，元係湖州路德清縣千秋鄉叁都壹貳保人氏，亡宋乙亥年前作民户附籍，至□
2 隨衆歸附，見在本村住坐應當民户差役
3 計家：親屬叁口
4 男子貳口
5 成丁壹口何叁叁年叁拾捌歲
6 不成丁壹口男雷兒年叁歲

[後闕]

葉二十二上

［ST—Z : 5/c6・22a・809］

［前闕］

小女阡叁娘年壹歲

事産：

陸地壹畝

瓦屋壹間半并步

營生：養種，帶佃杭州路萬壽寺田叁畝，普德廨院田叁畝

［ST—Z : 5/c6・22a・810］

一户沈阡壹，元係湖州路德清縣金鵞鄉拾伍都苟累村伍保人氏，亡宋乙亥年前作民户附籍於□

在本村隨衆歸附，見於本保住坐應當民役

計家：親屬肆口

男子壹口

成丁壹口沈阡壹年叁拾歲

婦女叁口

妻陳叁娘年叁拾壹歲　　女阿女年肆歲

次女年壹歲

事産：
田地肆畝貳分伍厘
水田肆畝　陸地貳分伍厘
瓦屋貳間
營生：養種，帶佃閑林廣福院田肆畝，壽聖寺田壹畝貳分伍厘

[ST—Z : 5/c6 • 22b • 811]

一户潘柒壹，元係湖州路德清縣金鵞鄉拾伍都苟累村伍保人氏，亡宋乙亥年前作民户附籍於至□
內在本村隨衆歸附，見於本保住坐應當民役
計家：親屬肆口
男子貳口
成丁壹口女夫徐柒肆年貳拾捌歲
婦女貳口
女潘壹娘年貳拾叁歲　孫女顕奴年肆歲
事産：
田地叁畝捌分
水田叁畝　陸地捌分
瓦屋壹間壹步
[後闕]

葉二十三上

［ST—Z : 5/c6 · 23a · 812］

［前闕］

水田壹拾叁畝　　瓦屋貳間半

船壹隻

營生：養種

［ST—Z : 5/c6 · 23a · 813］

一户衛拾伍，元係湖州路烏程縣移風鄉肆拾陸都神林村人氏，亡宋乙亥年前作民户附籍

內於本村歸附，至元十九年□移居德清縣金雞

村壹保賃房住坐應當民役

計家：伍口

親屬叁口

男子貳口

成丁貳口

衛拾伍年叁拾壹歲　　弟拾柒年貳拾叁歲

婦女壹口婆顧壹娘年玖拾歲

10 典雇身人貳口
11 男子成丁貳口
12 衞拾年伍拾陸歲
13 陳肆叁年伍拾伍歲
14 事産：
15 陸地伍分
16 營生：打油，佃田

[ST—Z : 5/c6 • 23b • 814]

1 一户沈叁貳，元係湖州路德清縣金𩇕鄉拾伍都觀宅村壹保人氏，亡宋乙亥年前作民户附籍□
2 正月内於本村歸附，見在本保住坐應當民役
3 計家：肆口
4 親屬叁口
5 男子叁口
6 成丁貳口

[後闕]

葉二十四上

[ST—Z : 5/c6 · 24a · 815]

[前闕]

男子貳口
成丁壹口姚阡貳年肆拾肆歲
不成丁壹口男添長年壹拾伍歲
婦女叁口
妻陳肆娘年叁拾捌歲　女肆娜年壹拾叁歲
女韋女年貳歲
事産：
地蕩叁畝玖分壹厘
陸地壹畝肆分壹厘　水蕩貳畝伍分
營生：守産，養種，帶租本鎮竟海寺田伍畝

[ST—Z : 5/c6 · 24a · 816]

一户陸念玖，元係湖州路德清縣遵教鄉拾壹都新市鎮人氏，亡宋乙亥年前作民户附籍，至元十三年正月内□
衆歸附，見於本鎮住坐應當民户差役
計家：親屬伍口
男子叁口
成丁壹口男陸元柒年肆拾叁歲
不成丁貳口

7 陸念玖年陸拾壹歲　孫阿弟年玖歲
8 婦女貳口
9 妻朱柒娘年伍拾捌歲　媳婦沈貳娘年□拾柒歲
10 事産：
11 田地壹拾畝
12 水田柒畝　陸地叁畝
13 賃房住坐　船壹隻
14 營生：守産，養種

[ST—Z : 5/c6 • 24b • 817]

1 一户王孟貳，元係平江路在城人氏，亡宋乙亥年前作民户附籍，至元十三年正月内於本處歸附，至元十九年□
2 州路德清縣遵教鄉拾壹都新市鎮沈伯叁家見於本□
3 當民户差役
4 計家：親屬陸口
5 男子貳口
6 成丁壹口王孟貳年叁拾捌歲
7 不成丁壹口[一]男聖壽年貳歲

[後闕]

[一] 不成丁壹口　「不成丁壹口」五字墨色較淺。

葉二十五上

[ST—Z：5/c6・25a・818]

1 一戶沈玖，元係湖州路德清縣千秋鄉肆都捌保人氏，亡宋乙亥年前作民戶附籍，至元十三年正□
2 見於本保住坐應當民役
3 計家：親屬叁口
4 男子成丁壹口沈玖年肆拾玖歲
5 婦女貳口
6 妻沈壹娘年叁拾捌歲　女觀女年玖歲
7 事産：
8 田地蕩肆畝貳分捌厘
9 水田玖厘　陸地壹畝壹分玖厘
10 蕩叁畝
11 瓦屋壹間壹厦　船壹隻
12 營生：養種

[ST—Z：5/c6・25a・819]

1 一戶卜阡肆，元係湖州路德清縣千秋鄉肆都捌保人氏，亡宋乙亥年前作民戶附籍，至元□
2 歸附，見於本保住坐應當民役
3 計家：親屬陸口

男子叁口
　成丁貳口
　　卜阡肆年叁拾捌歲　　女夫盛玖壹年貳□
　不成丁壹口孫男福孫年壹歲
婦女叁口
　　母孫伯貳娘年陸拾肆歲　　妻盧伍娘年肆拾叁□
　　女壹娘年貳拾歲
事産：
　田地蕩壹頃陸畝伍分
　　水田柒拾伍畝　　陸□伍分
　　蕩陸畝
　瓦屋壹拾叁間叁厦　　船貳隻
營生：養種，雜賣

[ST—Z : 5/c6 · 25b · 820]

一户朱伍貳，元係湖州路德清縣千秋鄉肆都捌保人氏，亡宋乙亥年前作民户附籍，至元十三年正□

［後闕］

葉二十六上

［ST—Z : 5/c6・26a・821］

［前闕］

1 徐玖壹年柒拾壹歲　孫男觀保年壹拾肆歲
2 孫男阡肆年拾歲
3 婦女肆口
4 姐徐伯陸娘年柒拾伍歲　媳婦朱陸娘年叁拾□
5 孫女阿壹年伍歲　孫女伴年壹歲
6 事産：
7 田地肆畝叁分伍厘
8 水田肆畝　陸地叁分伍厘
9 瓦屋貳間壹厦
10 營生：養種，佃田

［ST—Z : 5/c6・26a・822］

1 一户沈伍壹，元係湖州路德清縣千秋鄉伍都捌玖保人氏，亡宋乙亥年前作民户附籍，至元十三年正月内於本都隨衆歸□
2 坐應當民户差役
3 計家：親屬捌口
4 男子肆口

成丁貳口
沈伍壹年伍拾歲　男陸壹年貳拾歲
不成丁貳口
次男小娜年柒歲　小男李壽年叁歲
婦女肆口
母俞叁伍娘年柒拾叁歲　妻許壹娘年肆拾玖歲
兒婦潘拾娘年拾捌歲　女伍肆娘年玖歲
事産：
田地壹拾柒畝捌分柒厘
水田壹拾伍畝伍分　陸地貳畝叁分柒厘
瓦屋肆間　船壹隻
營生：養種

[ST—Z：5/c6・26b・823]

一户潘伯柒，元係湖州路德清縣千秋鄉伍都捌玖保人氏，亡宋乙亥年前作民户附籍，至元十三年正月内於本都隨衆□
保住坐應當民户差役
計家：親屬陸口
[後闕]

□訖

葉二十七上

［ST—Z : 5/c6・27a・824］

［前闕］

1 婦女貳口

2 妻母姚叁壹娘年陸拾肆歲　妻沈叁娘年肆拾肆歲

3 事産：

4 田地山蕩肆拾壹畝捌分捌厘

5 水田貳拾肆畝玖分　陸地壹拾畝柒▭

6 山壹畝貳分伍厘　蕩伍畝

7 瓦屋肆間　船壹隻

8 營生：養種

［ST—Z : 5/c6・27a・825］

1 一户潘阡陸，元係湖州路德清縣千秋鄉伍都捌玖保人氏，亡宋乙亥年前作民户附籍，至元十三年正月内□本▭

2 見於本保賃房〔一〕住坐應當民户差役

3 計家：親屬肆口

4 男子貳口

5 成丁壹口潘阡陸年叁拾肆歲

6 不成丁壹口男觀保年叁歲

〔一〕賃房 「賃房」二字係後來添加。

婦女貳口
妻沈肆壹娘年叁拾肆歲　女觀奴年壹拾歲
事産：
田蕩壹拾壹畝捌厘
水田叁畝伍分捌厘　蕩柒畝伍分
~~集屋住坐~~
營生：養種，帶佃殊勝寺水田貳畝陸分陸厘，延壽寺田肆畝
洞霄宫水田伍畝　洞霄宫陸地壹畝
洞霄宫蕩貳畝

[ST—Z : 5/c6 · 27b · 826]

一户宣阿捌，元係湖州路德清縣千秋鄉伍都捌玖保人氏，亡宋乙亥年前作民户附籍，至元十三年正月内歸附，後見於□
當民户差役
計家：親屬叁口
男子貳口
成丁壹口宣阿捌年叁拾叁歲
不成丁壹口男阿李年肆歲

［後闕］

扣封訖

［ST—Z：5/c6・28a・827］

〔二〕

一户舒柒㛐〔一〕，元係湖州路德清縣千秋鄉叁都伍保人氏，亡宋乙亥年前民户附籍，至元十三年正月内□

保住坐應當民役

計家：親屬陸口

男子叁口

成丁貳口

孫男阡陸年貳拾歲　孫男船長年壹拾□

不成丁壹〔二〕　男姪叁玖年陸拾伍歲

婦女叁口

舒七㛐

~~孫柒娘~~年柒拾歲　孫婦沈玖娘年壹□

孫女阿阡年壹拾歲

事産：

田地叁畝貳分叁厘

水田貳畝伍分　陸地柒分叁厘

〔一〕㛐　原作「娘」字，被墨書「㛐」字覆蓋。

〔二〕壹　據行文慣例，「壹」後疑脱「口」字

瓦屋壹間壹厦
營生：養種〔一〕

[ST—Z：5/c6・28b・828]

三　伍

一户舒肆壹娘，元係湖州路德清縣千秋鄉叁都保保人氏，亡宋乙亥年前民户附籍，至
附，見於本保住坐應當民役
計家：親屬肆口
男子成丁壹口男阡陸年貳拾歲
婦女叁口
舒肆壹娘年陸拾叁歲　男婦姚拾陸娘年叁拾□歲
孫女阿年叁歲
事産：
陸地叁畝貳分　瓦屋壹間半
營生：養種〔二〕

〔一〕養種「養種」二字墨色較淺。
〔二〕養種「養種」二字墨色較淺。

葉二十九上

[ST—Z : 5/c6・29a・829]

1 一户仰拾貳，元係湖州路德清縣千秋鄉叁都伍保人氏，亡宋乙亥年前民户附籍，至元十三年□

2 歸附，見於本保住坐應當民役

3 計家：親屬貳口

4 男子貳口〔一〕

5 成丁壹口男萬貳年肆拾貳歲

6 不成丁壹口仰拾貳年柒拾捌歲

7 事産：

8 陸地柒分伍厘

9 瓦屋壹間壹厦〔二〕

10 營生：□蒙

[ST—Z : 5/c6・29a・830]

一

1 一户朱肆壹〔三〕，元係湖州路德清縣千秋鄉叁都伍保人氏，亡宋乙亥年前民户附籍，至元十三年正[月]□

2 歸附，見於本保住坐應當民役

3 計家：親屬肆口

4 男子貳口

〔一〕該行上方有墨筆綫條引向第三行下。

〔二〕該行上方有墨筆綫條引向第八行下。

〔三〕該户上方被墨筆綫條半包圍。

5 成丁貳口〔一〕

6 朱肆壹年伍拾叁歲　男朱萬弍年貳拾叁歲

7 婦女貳口

8 妻顧叁貳娘年肆拾陸歲　女朱土保年壹拾□

9 事産：

10 草屋壹間壹厦〔二〕

11 營生：養種

[ST—Z：5/c6·29b·831]

1 一户朱百捌，元係湖州路德清縣千秋鄉叁都伍保人氏，亡宋乙亥年前民户附籍，至元十三年正月内歸□

2 於本保住坐應當民役

3 計家：親屬貳口

4 男子壹口

5 成丁壹口朱百捌年肆拾肆歲〔三〕

6 婦女壹口妻桂柒娘年叁拾陸歲

7 事産：

8 田地壹畝玖分貳厘

[後闕]

〔一〕該行上方有墨書綫條引向第四行下。

〔二〕該行上方有墨書綫條引向第八行下。

〔三〕該行上方有墨書綫條引向第四行下。

[ST—Z : 5/c6 · 30a · 832]

一户張阡柒，元係湖州路歸安縣廣德鄉上沃步人氏，亡宋乙亥年前作民户附籍，至元十三年在縣歸附□
　　　　　分迁移德清縣千秋鄉貳都四伍保住坐應當民役
計家：親屬壹拾口
　　男子陸口
　　　成丁叁口
　　　　男萬壹年叁拾叁歲　　　男萬貳年貳拾□
　　　　男阡伍年貳拾玖歲
　　　不成丁叁口
　　　　張阡柒年陸拾壹歲　　　男羊兒年壹拾叁歲
　　　　男滿兒年捌歲
　　婦女肆口
　　　　妻徐貳娘年伍拾貳歲　　男婦萬玖娘年貳□
　　　　女阿妹年壹拾捌歲　　　孫女宝奴年貳歲
事産：

葉三十上

陸地壹畝捌分捌厘
瓦屋壹間壹厦　船壹隻
營生：賣碗盞

[ST—Z：5/c6・30b・833]

一户姜念貳，元係湖州路武康縣太原鄉拾柒都下管人氏，亡宋乙亥年前作民户附籍，至元十三年□
元貳拾陸年分移德清縣千秋鄉貳都四伍保住坐□
計家：親属伍口
男子貳口
成丁壹口男姜孟貳年貳拾陸歲
不成丁壹口姜念貳年柒拾伍歲
婦女叁口
妻施拾娘年陸拾貳歲　男婦俞伍娘年貳拾歲
孫女長奴年壹歲
事産：
田地山柒畝陸分伍厘

[後闕]

葉三十一上

[ST—Z : 5/c6 • 31a • 834]

八

一户陳拾肆，元係湖州路德清縣千秋鄉伍都戈亭村壹保人氏，亡宋乙亥年前作民户附籍，至元十三年
見於本村住坐應當民户差役
計家：親属貳口
男子成丁貳口
陳拾肆年叁拾捌歲　　弟陳陸捌年叁拾肆歲
事産：
稑地壹分陸厘
草屋壹間
營生：養種

[ST—Z : 5/c6 • 31a • 835]

九

一户沈肆壹，元係湖州路德清縣千秋鄉伍都壹保戈亭村人氏，亡宋乙亥年前作民户附籍，至元十三
附，見於本村住坐應當民户差役
計家：親属肆口
男子成丁壹口沈肆壹年叁拾捌歲
婦女叁口

6 妻沈弍娘年叁拾柒歲　女沈伯壹娘年捌歲
7 女沈百弍娘年伍歲
8 事産：瓦屋壹間
9 營生：佃田，帶種清霄庵圓大師稑地伍分，圓照庵田貳畝

[ST—Z : 5/c6・31b・836]

十二

1 一户盛伯叁，元係湖州路德清縣千秋鄉伍都戈亭村壹保人氏，亡宋乙亥年前作民户附籍，至元十三
2 歸附，見於本村住坐應當民户差役
3 計家：親屬肆口
4 男子叁口
5 成丁壹口盛伯叁年肆拾玖歲
6 不成丁貳口
7 男盛千八年壹拾歲　男盛阡玖年玖歲
8 婦女壹口妻沈拾叁娘年肆拾玖歲
9 事産：
10 田地肆畝捌分壹厘
11 水田肆畝貳分伍厘　稑地伍分陸厘
12 瓦屋壹間

[後闕]

［**ST—Z : 5/c6・32a・837**］

1 一户蔡拾娌，係湖州路德清縣千秋鄉伍都肆伍保人氏，亡宋乙亥年前作民户附籍，至元十三年正月□

2 見於本保住坐應當民役

3 計家：親屬壹口

4 婦女壹口蔡拾娌年柒拾伍歲

5 事産：

6 水田叁畝叁分　　瓦屋壹間

7 營生：補洗

［**ST—Z : 5/c6・32a・838**］

1 一户范捌娌，係湖州路德清縣千秋鄉伍都肆伍保人氏，亡宋乙亥年前作民户附籍，至元十三年正□

2 見於本保住坐應當民役

3 計家：親屬壹口

4 婦女壹口范捌娌年柒拾伍歲

5 事産：瓦屋壹間

6 營生：雜趁

[ST—Z：5/c6・32b・839]

1 一户蔡伯叁婝，係湖州路德清縣千秋鄉伍都肆伍保人氏，亡宋乙亥年前作民户附籍□
2 歸附，見於本保住坐應當民役
3 計家：親属壹口
4 婦女壹口蔡伯叁婝年陸拾壹歲
5 事産：
6 陸地貳分　　瓦屋壹間
7 營生：補洗

[ST—Z：5/c6・32b・840]

1 一户周阿沈陸娘，係湖州路德清縣千秋鄉伍都肆伍保人氏，亡宋乙亥年前作民户附籍□
2 歸附，見於本保住坐應當民役
3 計家：親属貳口
4 婦女貳口
5 沈陸娘年陸拾陸歲　　女阿壽年壹拾肆□
6 事産：
7 陸地肆分貳厘伍毫　　瓦屋壹間
8 營生：唱詞

葉三十三上

［ST—Z : 5/c6・33a・841］

一户姚肆肆⿰女更，係湖州路德清縣千秋鄉伍都叁保人氏，亡宋乙亥年前作民户附籍，至元十□
內歸附，見於本保住坐應當民役
計家：親屬壹口
婦女壹口姚肆肆⿰女更年肆拾陸⿰女更〔一〕
事産：
田地陸畝肆分伍厘
水田伍畝貳分伍厘　　陸地壹畝貳分
瓦屋壹間壹厦
營生：守産

〔一〕⿰女更　據行文體例，「⿰女更」當爲「歲」之誤。

［ST—Z : 5/c6 · 33b · 842］

一户費叁伍娙，係湖州路德清縣千秋鄉伍都叁保人氏，亡宋乙亥年前作民户附籍，至元十□
內歸附，見於本保賃房住坐應當民役
計家：親屬貳口
婦女貳口
費叁伍娙年柒拾叁歲　孫女阿伍年壹拾肆□
事産：
田地玖畝貳分伍厘〔一〕
水田捌畝柒分伍厘　陸地陸分
營生：守産

〔一〕該行所録田地總數爲「玖畝貳分伍厘」，後面第八行水田和陸地畝數相加爲玖畝叁分伍厘，二者不合。

葉三十四上

［ST—Z：5/c6・34a・843］

1 一户虞阿張，係湖州路德清縣千秋鄉伍都柒保人氏，亡宋乙亥年前作民户附籍，至元十三年正月□

2 於本保住坐應當民役

3 計家：親屬貳口

4 男子不成丁壹口男惠孫年捌歲

5 婦女壹口虞阿張年肆拾柒歲

6 事産：

7 田地山貳拾叁畝貳分伍厘

8 水田叁畝　陸地貳畝貳分貳厘

9 山壹拾捌畝

10 瓦屋貳間

11 營生：養種

［ST—Z：5/c6・34a・844］

1 一户沈貳娘，係湖州路德清縣千秋鄉伍都柒保人氏，亡宋乙亥年前作民户附籍，至元十□

2 見於本保住坐應當民役

3 計家：親屬壹口

4 婦女壹口沈貳娘年捌拾歲

5 事産：
6 陸地壹分
7 瓦屋貳間壹厦
8 營生：雜趁

[ST—Z : 5/c6 • 34b • 845]

1 一户高阿潘，係湖州路德清縣千秋鄉伍都柒保人氏，亡宋乙亥年前作民户附籍，至元□
2 見於本保賃房住坐應當民役
3 計家：親屬叁口
4 男子不成丁貳口
5 男夢得年壹拾肆歲　男李関年壹拾□
6 婦女壹口高阿潘年陸拾歲
7 營生：雜趁

葉三十五上

[ST—Z：5/c6・35a・846]

一户沈伯弍娌，係湖州路德清縣千秋鄉伍都拾保人氏，亡宋乙亥年前作民户附籍，至元十三年正□
附，見於本保賃房住坐應當民役
計家：親屬壹口
婦女壹口沈伯弍娌年陸拾柒歲
事産：
田地陸畝陸分陸厘
水田肆畝伍分　陸地貳畝壹分陸厘
營生：養種

[ST—Z：5/c6・35a・847]

一户史捌伍娘，係湖州路德清縣千秋鄉伍都拾保人氏，亡宋乙亥年前作民户附籍，至元十三年正月□
見於本保住坐應當民役
計家：親屬壹口
婦女壹口史捌伍娘年陸拾伍歲
事産：
陸地伍分　瓦屋貳間壹厦
營生：雜趁

[ST—Z：5/c6・35a・848]

一户潘肆伍娌，係湖州路德清縣千秋鄉伍都拾保人氏，亡宋乙亥年前作民户附籍，至元□
歸附，見於本保住坐應當民役
計家：親屬壹口

4 婦女壹口潘肆伍娌年伍拾柒歲
5 事産：
6 田地山陸畝貳分伍厘
7 水田肆畝柒分伍厘　　陸地壹畝
8 山伍分
9 瓦屋壹間
10 營生：養種

［ST—Z：5/c6・35b・849］

1 一户潘伍娌，係湖州路德清縣千秋鄉伍都拾保人氏，亡宋乙亥年前作民户附籍，至元十三年
2 於本保賃房住坐應當民役
3 計家：親屬壹口
4 婦女壹口施换女年壹拾貳歲〔一〕
5 營生：雜趁

［ST—Z：5/c6・35b・850］

1 一户施换女，係湖州路德清縣千秋鄉伍都拾保人氏，亡宋乙亥年前作民户附籍，至元十
2 附，見於本保住坐應當民役
3 計家：親屬壹口
4 婦女壹口施换女年壹拾貳歲
5 事産：

［後闕］

〔一〕該行内容與該户頭有較大偏差，名字「施换女」和年齡「壹拾貳歲」皆與户頭「潘伍娌」相牴牾。查下一户「施换女」户第四行，與本行内容相同，可知本行之誤當係抄寫過程中串行所致。

［ST—Z：5/c6·36a·851］

［前闕］

妻朱阡貳娘年肆拾伍歲　女觀奴年壹拾伍歲
女阿換年壹拾貳歲
事産：
陸地陸厘　瓦屋壹間
營生：雜賣

［ST—Z：5/c6·36a·852］

一户高阡拾，元係湖州路德清縣遵教鄉拾壹都新市鎮人，亡宋乙亥年前故父高伯伍立户作民户附□
月内於本鎮隨衆歸附，見於本鎮住坐應當民役
計家：親屬叁口
男子貳口
成丁貳口
高阡拾年貳拾叁歲　弟高阡拾壹年□
婦女壹口母親許肆娘年肆拾玖歲
事産：
陸地貳分陸厘　楼屋叁間

營生：粜籴

［ST—Z：5/c6·36b·853］

一户沈萬貳，元係湖州路德清縣遵教鄉拾壹都新市鎮人氏，亡宋乙亥年前故父沈肆叁立户作□
拾叁年正月内於本鎮隨衆歸附，見在本處住坐□
計家：親屬貳口
男子成丁壹口沈萬貳年叁拾叁歲
婦女壹口母親朱柒娘年陸拾伍歲
事産：
陸地伍厘　瓦屋壹間
營生：賣糖荳

［ST—Z：5/c6·36b·854］

一户姚伯貳，元係湖州路德清縣遵教鄉拾壹都新市鎮人氏，亡宋乙亥年作民户附籍，至元十三年正月内□
衆歸附，見於本鎮住坐應當民户差役
計家：親屬叁口
男子貳口
不成丁貳口

［後闕］

葉三十七上

[ST—Z：5/c6・37a・855]

1 一户曹阡肆，元係湖州路德清縣遵教鄉拾壹都新市鎮人氏，亡宋乙亥年前曹百伍立户作民户附籍，至□

2 月内於本鎮隨衆歸附，見於本鎮住坐應當民户差役

3 計家：親属貳口

4 男子貳口

5 成丁壹口曹阡肆年貳拾伍歲

6 不成丁壹口曹雙壽年壹拾伍歲

7 事産：陸地伍厘　瓦屋半間

8 營生：做草鞋

[ST—Z：5/c6・37a・856]

1 一户姚伯拾伍，元係湖州路德清縣遵教鄉拾壹都新市鎮人氏，亡宋乙亥年前作民户附籍，至元十三年正月内□

2 歸附，見於本鎮住坐應當民户差役

3 計家：親属叁口

4 男〔一〕　男子貳口

5 成丁貳口

6 姚伯拾伍年叁拾捌歲　弟阡陸年叁拾伍歲

〔一〕男　據行文體例，第一個「男」字疑寫錯位置，故於後面正確位置重寫。

7　婦女壹口母親沈氏年柒拾玖歲
8　事産：
9　陸地陸分　瓦屋壹間壹厦
10　營生：佃田

[ST—Z : 5/c6 · 37b · 857]

1　一户陳阿拾，元係湖州路德清縣遵教鄉拾壹都新市鎮人氏，亡宋乙亥年前作民户附籍，至元十三年正月□
2　衆歸附，見於本鎮住坐應當民户差役
3　計家：親屬肆口
4　男子貳口
5　成丁壹口陳阿拾年叁拾伍歲
6　不成丁壹口男阿丑年壹歲
7　婦女貳口
8　妻沈陸娘年貳拾柒歲　女囬女年陸歲
9　事産：

[後闕]

［ST—Z：5/c6・38a・858］

□至元□内歸附□
保住坐應當民役
計家：壹拾捌口
親属壹拾陸口
男子玖口
成丁陸口
潘伯玖年肆拾叁歲　弟伯拾年肆拾壹歲
男陸貳年貳拾叁歲　孫男陸叁年貳拾壹歲
男陸肆年貳拾壹歲　男陸壹年貳拾柒歲
不成丁叁口
男聖保年壹拾壹歲　姪男阿娜年捌歲
孫男阿孫年叁歲
婦女柒口
祖母潘貳娘年捌拾肆歲　妻姚□肆拾□

弟婦潘叄娘年肆拾肆歲　兒婦胡拾叄娘年貳拾□歲
姪婦潘伯伍娘年貳拾叄歲　姪女伍娘年壹拾貳歲
姪孫女阿奴年叄歲
典顧身人男子成丁貳口
郁伍壹年叄拾貳歲　朱阿柒年叄拾歲
事産：
田地山蕩捌拾畝陸分陸厘
水田叄拾捌畝捌分柒厘　陸地貳拾柒畝貳分□
山柒畝　蕩柒畝伍分
瓦屋壹拾柒間　船貳隻
營生：養種，帶種武康縣資福寺田伍分陸厘

[ST—Z：5/c6・38b・859]

一户潘伯壹，元係湖州路德清縣千秋鄉叄都捌保人氏，亡宋乙亥年前民户附籍，至元十三年正□
見

[後闕]

葉三十九上

[ST—Z : 5/c6・39a・860]

[前闕]

營生：養種

[ST—Z : 5/c6・39a・861]

一户顧肆伍嫂，元係湖州路德清縣金鵞鄉拾肆都大麻村肆保人氏，亡宋乙亥年前作民□附籍，至□
正月内於本村隨衆歸附，見在本保住坐應當民役
計家：親屬貳口
男子壹口
不成丁壹口男回孫年柒歲
婦女壹口顧肆伍嫂年肆拾肆歲
事産：
陸地叁分伍厘
瓦屋叁間
營生：養種

[ST—Z : 5/c6・39a・862]

一户顧小肆，元係湖州路德清縣金鵞鄉拾肆都大麻村肆保人氏，亡宋乙亥年前作民户□
正月内隨衆歸附，見在本保住坐應當民役
計家：親屬壹口

4 男子壹口
5 成丁壹口顧小肆年叁拾歲
6 事産：
7 陸地柒分
8 瓦屋貳間
9 營生：養種，佃田

[ST—Z：5/c6・39b・863]

1 一户李阿拾壹，元係湖州路德清縣金鵞鄉拾肆都大麻村肆保人氏，亡宋乙亥年前作民户附□
2 年正月内於本村隨衆歸附，見在本保住坐應當□役
3 計家：親属壹口
4 男子壹口
5 成丁壹口李阿拾壹年貳拾捌歲
6 事産：
7 田地肆畝叁分
8 水田肆畝　陸地叁分
9 瓦屋壹間

［後闕］

葉四十上

［ST—Z : 5/c6・40a・864］

［前闕］

營生：佃田

［ST—Z : 5/c6・40a・865］

一户胡七六，元係德清縣金䧳鄉十四都大麻村人氏，亡宋民户，至元十三年正月内於本村隨衆歸附，即目本□

應當民役

計家：親属叁口

男子成丁壹口

胡七六年貳拾陸歲

婦女貳口

妻沈九娘年貳拾叁歲　女小女年叁歲

事産：

瓦屋壹間

營生：佃種杭州路傳法寺田壹拾肆畝伍分

［ST—Z : 5/c6・40a・866］

一户邵百二，元係湖州路德清縣金䧳鄉十四都大麻村人氏，亡宋民户，至元十三年正月内於本村隨衆歸附□

坐應當民役

計家：親属伍口

4　男子叁口

5　成丁壹口男阿三年伍拾叁歲

6　不成丁貳口

7　邵百十一年柒拾陸歲　　孫伴壽年陸歲

8

9　婦女貳口　　妻湯一娘年柒拾伍歲　　孫女阿女年捌歲

10　事產：

11　瓦屋貳間

12　營生：佃田

[ST—Z：5/c6・40b・867]

1　一户許千四，元係湖州路德清縣金鵝鄉十四都大麻村人氏，亡宋民户，至元十三年正月內於本村隨衆

2　處金七一河津辟居應當民役

3　計家：親屬肆口

4　男子叁口　　成丁壹口許千四年叁拾陸歲

5　　　　　　不成丁貳口

6

[後闕]

[ST—Z : 5/c6 • 41a • 868]

［前闕］

1 事産：

2 水田壹拾柒畝柒分伍厘　　瓦屋壹間

3 營生：養種

[ST—Z : 5/c6 • 41a • 869]

1 一户沈觀保，元係湖州路德清縣金鵝鄉拾肆都大麻村貳保人氏，亡宋乙亥年前作民户□

2 年正月内於本村隨衆歸附，見於本保住坐應當□

3 計家：親屬壹口

4 男子成丁壹口沈觀保年壹拾伍歲

5 事産：

6 陸地壹分貳厘　　瓦屋貳間

7 營生：求趁

[ST—Z : 5/c6 • 41a • 870]

1 一户王肆，元係嘉興路崇德縣南津鄉拾肆都大沐村捌保人氏，亡宋乙亥年前作民户附籍□

2 年正月内在本處隨衆歸附，至元二十六年九月内□

3 路德清縣金鵝鄉拾肆都大麻村貳保賃屋住□

4 計家：親屬壹口

5 男子成丁壹口王肆年肆拾伍歲

事産：無
營生：教學

[ST—Z：5/c6・41b・871]

一户沈伯貳，元係湖州路德清縣金雞鄉拾肆都大麻村貳保人氏，亡宋乙亥年前作民户附籍，至元□
正月内於本村隨衆歸附，見於本保住坐應當□
計家：親屬壹口
男子成丁壹口沈伯貳年肆拾壹歲
事産：草屋壹間
營生：佃田

[ST—Z：5/c6・41b・872]

一户程拾貳，元係湖州路德清縣金雞鄉拾肆都大麻村貳保人氏，亡宋乙亥年前作民户附籍□
正月内於本村隨衆歸附，見於本保住坐應當民□
計家：親屬貳口
男子不成丁壹口程拾貳年陸拾壹歲
婦女壹口妻問叁娘年伍拾壹歲
事産：瓦屋壹間
營生：佃田，帶種杭州路傳法寺田壹畝伍分

葉四十二上〔一〕

〔一〕葉四十二未見字迹。

葉四十二下

葉四十三上

[ST—Z : 5/c6 • 43a • 873]

1 一户陳叁貳，係湖□路德清縣千秋鄉肆都拾保人氏，亡宋乙亥年前作民户附籍，至□□□年正□
2 附，見於本保住坐應當民户差役
3 計家：親屬壹口
4 男子不成丁壹口陳叁貳年陸拾伍歲
5 事産：
6 田地伍畝陸分肆厘
7 水田伍畝伍分　陸地壹分肆厘
8 瓦屋壹廈
9 營生：養種

[ST—Z : 5/c6 • 43a • 874]

1 一户戴伯壹，係湖州路德清縣千秋鄉肆都拾保人氏，亡宋乙亥年前作民户附籍，至元□
2 正月内歸附，見於本保賃房〔一〕住坐應當民户□
3 計家：親屬壹口

〔一〕賃房　「賃房」二字係後來添加。

4 男子不成丁壹口戴伯壹年陸拾壹歲

5 事産：

6 陸地肆分貳厘　　　賃房住坐

7 營生：雜趁

［ST—Z : 5/c6 · 43b · 875］

1 一户仰伯壹，係湖州路德清縣千秋鄉肆都拾保人氏，亡宋乙亥年前作民户附籍，至元□

2 内歸附，見於本保賃房〔一〕住坐應當民户差役

3 計家：親屬貳口

4 男子不成丁貳口〔二〕

5 仰伯壹年柒拾陸歲　　孫男阿回年壹拾肆歲

6 事産：

7 陸地捌分捌厘〔三〕　賃房住坐

8 營生：推磨

〔一〕賃房　「賃房」二字係後來添加。

〔二〕該行上方有墨書綫條引向第三行下。

〔三〕陸地捌分捌厘　「陸地捌分捌厘」上方有墨書綫條引向第六行下。

葉四十四上〔一〕

［前闕］

1 男子肆口

2 成丁貳口

3 男伍叁年肆拾陸歲　男阿拾年叁拾叁歲

4 不成丁貳口

5 孫男阿伴年捌歲　孫男阿孫年伍歲

6 婦女貳口

7 于捌㛐年柒拾歲〔二〕　男婦楊捌肆娘年肆拾□

8 事産：

9 地蕩伍畝伍分陸厘

10 陸地壹畝肆分陸厘　蕩肆畝壹分

11 瓦屋壹間壹厦　船貳隻

12 營生：養種，帶佃田賦田伍畝，冲天觀田捌畝伍分

1 一户潘伯肆〔三〕，係湖州路德清縣千秋鄉伍都拾保人氏，亡宋時作民户附籍，至元十三年正月内在□

2 於本保住坐

3 計家：親屬肆口

〔一〕該葉與册五葉三十二爲重複葉。

〔二〕該户爲「于捌㛐」户，與册五葉三十一、葉三十二（兩葉爲連續葉）「于捌㛐」户爲同一户。

〔三〕該户與册五葉三十二「潘伯肆」户爲同一户。

男子貳口
成丁壹口潘伯肆年肆拾貳歲
不成丁壹口男李孫年叁歲
婦女貳口
妻沈拾娘年叁拾伍歲　女阿土年柒歲
事産：
田地陸畝貳分伍厘
水田伍畝柒分伍厘　陸地伍分
瓦屋壹間壹厦
營生：養種，帶佃田賦田壹畝貳分伍厘

一户潘伯叁〔一〕，係湖州路德清縣千秋鄉伍都拾保人氏，亡宋時作民户附籍，至元十三年正月内□
於本保住坐
計家：親屬陸口
男子叁口
成丁壹口潘伯叁年肆拾柒歲
［後闕］

〔一〕該户與册五葉二十二「潘伯叁」户爲同一户。

葉四十五上

［ST—Z：5/c6・45a・876］

［前闕］
水田貳畝　陸地壹畝捌分
瓦屋壹間半壹厦　船壹隻
營生：養種，石匠

［ST—Z：5/c6・45a・877］

一户朱阡叁，元係湖州路德清縣千秋鄉叁都柒保人氏，亡宋時木匠附籍，至元十三年正月内在本□
於本保住坐，於至元十六年分蒙官司分揀採茶□
當蔕機匠差役
計家：親屬男子成丁壹口
朱阡叁年肆拾肆歲
事産：
地山叁畝叁分壹厘
陸地肆分柒厘　山貳畝捌分肆厘
瓦屋壹間壹厦
營生：木匠

［ST—Z：5/c6・45a・878］

一户顧阡壹，元係湖州路德清縣千秋鄉叁都拾保人氏，亡宋時作□打□匠附籍，至元十三□
隨衆歸附，亦於本保住坐，即目應當蔕機□

3 計家：親屬伍口
4 　男子叁口
5 　　成丁貳口
6 　　　顧阡壹年伍拾壹歲　　男萬肆年貳拾歲
7 　　不成丁壹口男萬陸年壹拾叁歲
8 　婦女貳口
9 　　妻姚肆貳娘年伍拾肆歲　　兒婦俞壹娘年壹拾捌□
10 事産：
11 　陸地壹畝柒分伍厘　　瓦屋壹間壹厦
12 營生：鈋作，養種

［ST—Z：5/c6・45b・879］

1 一户沈陸，元係湖州路德清縣千秋鄉叁都壹貳保人氏，亡宋時作泥水匠附籍，至元十三年□
2 　歸附，亦於本保住坐，於至元二十一年蒙官司分揀即目[應]□
3 　機匠户差役
［後闕］

葉四十六上

[ST—Z：5/c6・46a・880]

［前闕］

1 計家：親屬柒口

2 男子肆口

3 成丁貳口

4 蕭萬貳年肆拾伍歲　男阡式年拾捌歲

5 不成丁貳口

6 繼父沈叁年柒拾伍歲　男酉德年伍歲

7 婦女叁口

8 妻沈貳娘年肆拾壹歲　女蕭阡壹娘年□

9 兒[一]徐阡伍娘年貳拾壹歲

10 事産：

11 陸地柒分伍厘　賃房住坐

12 營生：養種，佃田

[ST—Z：5/c6・46a・881]

1 一户周伯叁，元係湖州路德清縣遵教鄉拾壹都新市鎮人氏，亡宋乙亥年前作民户附籍，至元十三年正月内於□

2 本鎮住坐應當民户差役

［一］兒　據文義及行文慣例，「兒」字後疑脱「婦」字。

3 計家：親屬肆口
4 男子貳口
5 成丁壹口男周阡貳年貳拾捌歲
6 不成丁壹口周伯叁年陸拾伍歲
7 婦女貳口
8 妻〔一〕妻高柒娘年陸拾歲　　兒婦余十九娘年貳□
9 事産：
10 陸地貳畝壹分陸厘陸毫　　瓦屋貳間
11 營生：梳篦

〔ST—Z : 5/c6 · 46b · 882〕

1 一户胡阡貳，元係湖州路德清縣遵教鄉拾壹都新市鎮人氏，亡宋乙亥年前作民户附籍，至元十三年正月内於□
2 於本鎮住坐應當民户差役
3 計家：親屬陸口
4 男子叁口
5 成丁貳口

〔後闕〕

〔一〕妻　據行文體例，第一個「妻」字疑寫錯位置，故於後面正確位置重寫。

葉四十七上

[ST—Z：5/c6・47a・883]

一户沈叁，係湖州路德清縣千秋鄉伍都拾保人氏，亡宋時作民户附籍，至元十三年正月内在本都歸附，亦於本保住坐，於[至]

□

即目在范□當□役

計家：親屬陸口

男子貳口

成丁壹口沈叁年肆拾捌歲

不成丁壹口男僧保年壹歲

婦女肆口

母親潘肆娘年捌拾歲　妻潘拾肆娘年肆拾伍歲

女阿陸娘年壹拾肆歲　女阿捌娘年捌歲

事産：

田地山蕩壹拾叁畝伍分

水田伍畝　陸地伍分

山伍畝　蕩叁畝

瓦屋壹間

營生：養種

[ST—Z：5/c6・47a・884]

一户宣伯捌，係湖州路德清縣千秋鄉伍都捌玖保人氏，亡宋時作民户附籍，至元十三年正月内在本都歸附□

至元十八年分招收水手軍頭目陳千户賫鈔前来伯捌□

請鈔壹錠，即目在范千户下伺候應當差役
計家：親屬肆口
男子不成丁壹口宣伯捌年陸拾肆歲
婦女叁口
妻沈阡捌娘年伍拾伍歲　女弍娘年叁拾伍歲
甥女萬壹娘年伍歲
事産：
田地柒畝柒分捌厘
水田柒畝　陸地柒分捌厘
瓦屋壹間壹厦
營生：養種

〔ST—Z：5/c6・47b・885〕

一户徐伯玖，係湖州路德清縣千秋鄉伍都捌玖保人氏，亡宋時作民户附籍，至元十三年正月内在本都□
坐，於至元十八年分招收水手軍頭目陳千户賫鈔前来□
水手軍户請鈔壹錠，即目在范千户下伺候應當差役
計家：親屬壹口
男子成丁壹口徐伯玖年肆拾肆歲
事産：
陸地肆分叁厘
瓦屋壹間壹厦
營生：

葉四十八上

［ST—Z : 5/c6・48a・886］

一户范阡壹，係湖州路德清縣千秋鄉伍都貳保人氏，亡宋乙亥年前作民户附籍，至元十三年□
本保歸附，見於本保住坐應當民役
計家：親屬肆口
男子貳口
不成丁貳口
范阡壹年陸拾壹歲　男觀福年壹拾壹歲
婦女貳口
妻潘陸娘年伍拾肆歲　女阿妹年玖歲
事産：
瓦屋壹間
陸地壹畝貳分伍厘
營生：佃種杭州路仁和縣寶華院田貳畝陸分

［ST—Z : 5/c6 · 48b · 887］

一户陳拾叁，係湖州路德清縣千秋鄉伍都壹保人氏，亡宋乙亥年前作民户附籍，至元□
保歸附，見於本保住坐應當民役
計家：親屬叁口
男子貳口
不成丁貳口
陳拾叁年陸拾柒歲　　弟拾肆年陸拾□
婦女壹口弟婦沈伍娘年陸拾伍歲
事産：
田地伍畝陸分壹厘
［後闕］

葉四十九上

〔ST—Z：5/c6·49a·888〕

〔前闕〕

1 婦女叁口

2 妻姚伍娘年叁拾伍歲　女大娜年壹拾壹歲

3 次女小娜年捌歲

4 事産：

5 田地叁畝陸分叁厘

6 水田叁畝　陸地陸分叁厘

7 瓦屋壹間壹厦　船壹隻

8 營生：桶匠

〔ST—Z：5/c6·49a·889〕

1 一户周伯叁，元係湖州路德清縣千秋鄉五都拾保人氏，亡宋時桶匠附籍，至元十三年正月内在本□

2 元二十年二月内蒙本縣撥充本路染局改色□

3 坐即目應當本局差役

4 計家：親屬肆口

5 男子貳口

6 不成丁貳口

周伯叁年陸拾柒歲　男阿小年玖歲
婦女貳口
妻徐叁壹娘年肆拾伍歲　女阿多年柒歲
事産：
田肆畝伍分　賃房住坐
營生：箍桶匠

[ST—Z : 5/c6 · 49b · 890]

一户盛肆貳嫂，係湖州路德清縣千秋鄉五都貳保人氏，亡宋時桶匠附籍，至元十三年正月内在本□
本縣撥充本路織染局改色幇機人匠亦於本□
局幇機差役
計家：親屬捌口
男子叁口
成丁貳口
男伯壹年肆拾壹歲　男伯伍年壹拾柒歲
不成丁壹口孫男捨得年壹拾壹歲
婦女伍口

[後闕]

葉五十上

[ST—Z : 5/c6 · 50a · 891]

［前闕］

1 事産：

2 □貳畝　賃房住坐

3 船壹隻

4 營生：養種，佃田，并帶種杭州路傳法寺田貳拾陸畝伍分

[ST—Z : 5/c6 · 50a · 892]

1 一户王拾壹，元係湖州路德清縣金鵝鄉拾肆都大麻村貳保住坐人氏，亡宋乙亥年前作民户附籍，至元十三年正□

2 歸附，見於本保住坐應當民役

3 計家：親屬柒口

4 男子叁口

5 成丁壹口

6 王□壹年肆拾伍歲

7 不成丁貳口

8 男阡壹年壹拾叁歲　男阿轉年伍歲

9 婦女肆口

10 妻陸拾玖娘年肆拾叁歲　母親沈拾伍娘年捌拾歲

11 女阿女年壹拾貳歲　女□□年壹拾歲

事産：

水田肆畝伍分　瓦屋貳間

營生：養種，并帶種杭州路傳法寺田壹拾伍畝陸分貳厘伍毫

[ST—Z : 5/c6 • 50b • 893]

一户范小壹，元係湖州路德清縣金鵝鄉拾肆都大麻村貳保住坐人氏，亡宋乙亥年前作民户附籍，至□

本村歸附，見於本保住坐應當民役

計家：親屬伍口

男子貳口

成丁貳口

范小壹年陸拾歲　男阿捌年壹拾陸歲

婦女□口

妻沈伍娘年伍拾捌歲　兒婦徐壹娘年貳拾歲

女小女年玖歲

事産：

水田叁畝　瓦屋貳間

葉五十一上

[ST—Z : 5/c6 · 51a · 894]

［前闕］

男子肆口
成丁壹口男阡貳年貳拾陸歲
不成丁叁口
沈玖叁年陸拾貳歲　男阿伴年玖歲
孫男伴叔年捌歲
婦女肆口
妻房肆娘年肆拾玖歲　兒婦吕陸娘年貳拾□
女叁娘年壹拾叁歲　孫女伴姑年伍歲
事産：
田地肆畝柒分伍厘
水田肆畝貳分伍厘　陸地伍分
瓦屋叁間
營生：養種，佃田

[ST—Z : 5/c6 • 51b • 895]

1 一户許伯拾壹，元係湖州路德清縣金鵞鄉拾肆都大麻村貳保人氏，亡宋乙亥年前作民户附籍，至□
2 正月内在本村隨衆歸附，見於本保住坐應當民□
3 計家：親属柒口
4 男子伍口
5 成丁貳口
6 許伯拾壹年伍拾歲　男添壽年壹拾捌歲
7 不成丁叁口
8 父許柒叁年柒拾捌歲　男伴壽年壹拾叁□
9 男阿弟年陸歲
10 婦女貳口
11 妻余拾貳娘年肆拾柒歲　女阿丑年貳拾歲
12 事産：
13 田地壹拾陸畝
14 水田壹拾伍畝肆分　陸地陸分
15 瓦屋貳間壹舍
16 營生：養種，佃田

葉五十二上

[ST—Z：5/c6・52a・896]

[前闕]

男阿五年壹拾叁歲　男阿伴年玖歲

男阿弟年陸歲

婦女壹口母親張捌娘年捌拾壹歲

事産：

瓦屋壹間

營生：養種，佃田

[ST—Z：5/c6・52a・897]

一户沈萬伍，元係湖州路德清縣金鵝鄉拾肆都大麻村貳保住坐人氏，亡宋乙亥年前作民户附籍，至元十三年□

歸附，見於本保住坐應當民役

計家：親屬伍口

男子貳口

成丁壹口沈萬伍年叁拾柒歲

不成丁壹口添長年叁歲

婦女叁口

妻沈叁娘年貳拾歲　女伴姑年柒歲

女阿豼年伍歲
事産：
草屋壹間壹步
營生：佃田

[ST—Z : 5/c6 · 52b · 898]

一户周伯壹，元係湖州路德清縣金鵝鄉拾肆都大麻村貳保住坐人氏，亡宋乙亥年前作民户附籍，至元十三□
歸附，見於本保住坐應當民役
計家：親属伍口
男子叁口
成丁壹口周伯壹年肆拾肆歲
不成丁貳口
男阿孫年玖歲　　男移長年壹歲
婦女貳口
妻陳伍娘年肆拾壹歲　　女阿女年陸歲
事産：
瓦屋壹間

［後闕］

葉五十三上

［ST—Z：5/c6·53a·899］

［前闕］

沈阡壹年陸拾陸歲　　孫男阿换年壹拾肆歲
孫男阿狗年伍歲　　孫男得孫年叁歲
婦女伍口
兒婦馬叁娘年叁拾玖歲　　兒婦沈弍娘□
兒婦程叁娘年叁拾歲　　孫女壹娘年伍歲
孫女叁弍娘年叁歲
事産：無，賃房住坐
船壹隻
營生：佃種杭州路傳法寺田伍拾肆畝柒分伍厘

［ST—Z：5/c6·53a·900］

一户朱阡肆，元係湖州路德清縣金鵝鄉拾肆都大麻村貳保住坐人氏，亡宋乙亥年前作民户附籍，至元十三年正□
歸附，見於本保住坐應當民役
計家：親屬肆口
男子叁口
成丁叁口
朱阡肆年伍拾貳歲　　男朱阡柒年念陸歲

7 男阿双年壹拾柒歲
8 婦女壹口媳婦陳弍娘年貳拾叁歲
9 事産：
10 瓦屋叁間
11 營生：佃種

［ST—Z：5/c6・53b・901］

1 一户沈阡玖，元係湖州路德清縣金鵝鄉拾肆都大麻村貳保住坐人氏，亡宋乙亥年前作民户附籍，至元十三□
2 歸附，見於本保住坐應當民役
3 計家：親屬陸口
4 男子肆口
5 成丁貳口
6 沈阡玖年伍拾歲　男伯壹年叁拾歲
7 不成丁貳口
8 男伯弍年壹拾壹歲　男阿多年伍歲
9 婦女貳口

［後闕］

葉五十四上〔一〕

〔前闕〕

金元四　王亜二　王元七　張五九　陳万二
陳壽孫　陳居一　余亜四　張千五　王元九
李千三　王千三　官四　陳万六　周千二十〔下殘〕
李再三　丘再一　張亜五　陳百六　王百七
陳亜二　陳亜曾　陳亜元　娄万一　王亜一
二十八都
章亜七　陳万二　王百二　陳端二　王百一
李亜五　林千七　陳千十　倪万十　郭元十〔下殘〕
蔣亜五　陶初三　林九七　蔣亜七　周千七
王万一　周千二　林再一　丘得一　周万一
蔣万二　楊万一　林六八　金万一　周亜二
陳亜三
二十九都
王千四　□□二　周廿八　周百四十　陳〔下殘〕
陳初十　□　□　□　□

〔一〕該葉内容爲人名，係於幾都之下，當爲某種名籍，結合同册葉五十五，疑爲寺院佃户名籍，但若作爲某一寺院佃户名籍，其人名數量之多又頗爲可疑。

16 李万一　陶六二　佚廿七　王壽一　方千□

17 陳元二　潘万四　丁元九　陳亜端　丁万四

18 姜再三　李再四　周千十四　丁万六　陳初□

19 范十三　王亜九　李万三　王万十一　姜再□

20 李万六　李再五　范万五　周千廿六　陳元□

21 王万八　李定一　周千廿三　王万一　范元一

22 王万六　陳千四　李再一　陳初八　陳万十［下残］

23 周十四　陳万六　周壽四　周千廿一　丁万一

24 陳元一　丁七八　陳六二　陳万二　陳六三

25 周万七　王壽二　董亜四　陳万十一　周千□

26 陳三十　丁千五　陳壽五　丁元八　朱亜[五]

27 伍万十一　王千十五　王千十一　朱亜二

28 山川都

29 林端二　陳千一　陳亜九　陶九一　何五[四]

30 楊千五　鄭元二　張五十　王百四三　陶百[三]

［後闕］

葉五十五上〔一〕

〔前闕〕

1 馬千八　夏千十二　馬千六　李万一　張千十
2 范千二　夏万三　馬八二　王万一　王□二
3 馬八一　易万一　于亜四　陳亜六　張亜七
4 王百九　施万一　王十二

1 □靈鷲寺
2 四十八都
3 胡万一　周百五　阮四十　王元二　王元一
4 吴三十

1 □福寺
2 四十六都
3 陳亜三
4 四十七都
5 陳亜十　穆亜七
6 城西隅
7 陳四六

1 法海寺
2 四□都

〔一〕該葉爲寺院名目下若干都的人名登録，疑似寺院佃户名籍。

3 國亜十一

1 昌國寺

2 四十七都

3 夏千一　夏万三　施亜七　李亜五

1 定光寺

2 四十八都

3 蔣千四　柯千六

4 三十八都

5 蔣元二　蔣千三

1 定業寺

2 四十八都

3 伍万一　胡再三　丁千九　胡三六　胡百□

4 朱亜七　陳五七　□千五　王十六　盧千□

5 張百十二　李八

1 惠因寺

2 二十五都

［後闕］